T0259842

# Informatik aktuell

Herausgegeben
im Auftrag der Gesellschaft für Informatik e. V. (GI)

Ziel der Reihe ist die möglichst schnelle und weite Verbreitung neuer Forschungs- und Entwicklungsergebnisse, zusammenfassender Übersichtsberichte über den Stand eines Gebietes und von Materialien und Texten zur Weiterbildung. In erster Linie werden Tagungsberichte von Fachtagungen der Gesellschaft für Informatik veröffentlicht, die regelmäßig, oft in Zusammenarbeit mit anderen wissenschaftlichen Gesellschaften, von den Fachausschüssen der Gesellschaft für Informatik veranstaltet werden. Die Auswahl der Vorträge erfolgt im allgemeinen durch international zusammengesetzte Programmkomitees.

Weitere Bände in der Reihe http://www.springer.com/series/2872

Herwig Unger
(Hrsg.)

# Echtzeit 2019

## Autonome Systeme – 50 Jahre PEARL

Fachtagung des gemeinsamen Fachausschusses
Echtzeitsysteme von
Gesellschaft für Informatik e.V. (GI),
VDI/VDE-Gesellschaft für Mess- und Automatisierungs-
technik (GMA) und
Informationstechnischer Gesellschaft im VDE (ITG,)
Boppard, 21. und 22. November 2019

**GESELLSCHAFT FÜR INFORMATIK E.V.**

  VDI/VDE-Gesellschaft
Mess- und Automatisierungstechnik

ITG INFORMATIONSTECHNISCHE
GESELLSCHAFT IM VDE

*Hrsg.*
Herwig Unger
Lehrstuhl für Kommunikationsnetze
FernUniversität in Hagen
Hagen, Deutschland

Programmkomitee 2019
R. Baran, Hamburg
J. Bartels, Krefeld
M. Baunach, Graz/Österreich
B. Beenen, Lüneburg
J. Benra, Wilhelmshaven
V. Cseke, Wedemark
R. Gumzej, Maribor/Slowenien
W. A. Halang, Hagen
H. H. Heitmann, Hamburg
M. M. Kubek, Hagen
R. Müller, Furtwangen
M. Schaible, München
G. Schiedermeier, Landshut
U. Schneider, Mittweida
H. Unger, Hagen (Vorsitz)
D. Zöbel, Koblenz

Netzstandort des Fachausschusses Echtzeitsysteme: http://www.real-time.de

ISSN 1431-472X
Informatik aktuell
ISBN 978-3-658-27807-6      ISBN 978-3-658-27808-3   (eBook)
https://doi.org/10.1007/978-3-658-27808-3

Die Deutsche Nationalbibliothek verzeichnet diese Publikation in der Deutschen Nationalbibliografie; detaillierte bibliografische Daten sind im Internet über http://dnb.d-nb.de abrufbar.

Springer Vieweg ist ein Imprint der eingetragenen Gesellschaft Springer Fachmedien Wiesbaden GmbH und ist ein Teil von Springer Nature.
Die Anschrift der Gesellschaft ist: Abraham-Lincoln-Str. 46, 65189 Wiesbaden, Germany

# Vorwort

Die 40. Fachtagung „Echtzeit" und 50 Jahre Geschichte von PEARL: selbst in Zeiten, in denen es eine wahre Flut wissenschaftlicher Konferenzen gibt, kommt es sehr selten vor, dass eine dieser Veranstaltungsreihen es schafft, vierzigmal hintereinander erfolgreich durchgeführt zu werden.

In vielen Fällen ist eine Tagung mit dem persönlichen Engagement Einzelner und einem bestimmten, heute gerade in der Informatik sehr oft recht kurzlebigem Thema verbunden. Der gemeinsame Fachausschuss „Echtzeitsysteme" der Gesellschaft für Informatik, der Informationstechnischen Gesellschaft im VDE und der VDI/VDE-Gesellschaft für Mess- und Automatisierungstechnik hat es offenbar geschafft, mehrere Generationen von Wissenschaftlern und Ingenieuren von einem Thema zu begeistern, das für viele technische Systeme, insbesondere autonom in unserer Umwelt arbeitende, von existentieller Bedeutung ist und dessen Bedeutung heute größer ist als vor 40 Jahren: dem Betrieb informations- und automatisierungstechnischer Systeme in Echtzeit (engl. real time), der selbige in die Lage versetzt, bestimmte Ergebnisse verlässlich innerhalb einer vorherbestimmten Zeitspanne, zum Beispiel in einem festen Zeitraster, liefern zu können. PEARL, die einzige genormte deutsche Programmiersprache, wird wie keine andere diesen Ansprüchen gerecht und ihre Behandlung zieht sich seit Anbeginn wie ein roter Faden durch die Fachtagungsreihe „Echtzeit" – selber ist PEARL jedoch noch rund zehn Jahre älter als die Reihe.

In die Entwicklung dieser Programmiersprache sind über die gesamte Zeit Anforderungen und Erfahrungen aus Forschung und Industrie eingeflossen, neben der ursprünglichen Forderung nach Echtzeitfähigkeit der entwickelten Programme ebenso gerade heute aktuelle Ansprüche an Sicherheit und Parallelität in der Abarbeitung. Damit ist PEARL eine leistungsfähige Programmiersprache mit vielen Alleinstellungsmerkmalen geworden, die den industriellen Systementwurf signifikant beeinflussen und verbessern könnte. Umso bedauerlicher und fast schon beschämend ist es, dass die deutsche Industrie sich nicht intensiv und nachhaltig um diese Entwicklung kümmert und ihr zu breiterem Einsatz verhilft. Software-Pannen, wie aktuell im Rahmen der Flugzeugentwicklung, zeigen eindeutig die Notwendigkeit hierfür und die Wettbewerbschancen hierbei auf.

Peter Holleczek ist als einer der Väter und ersten Beteiligten an der Fachtagungsreihe sowie als einer der ersten Entwickler von PEARL sicherlich derjenige unter uns, der aus eigenem Erleben große Teile der fünfzigjährigen PEARL-Geschichte noch repräsentativ darstellen, einordnen und bewerten kann. Er wird den diesjährigen Eröffnungsvortrag dazu nutzen, um neben der von Peter Elzer 2005 vorgenommenen Würdigung der frühen Geschichte von PEARL einen Abriss über den gesamten Entwicklungsprozess von der Sprache zu geben und insbesondere das hierzu bei der Gesellschaft für Informatik eingerichtete digitale Archiv vorstellen, in dem wesentliche Dokumente der Geschichte für künftige Generationen verfügbar gemacht werden.

Die Organisatoren konnten sich in diesem Jubiläumsjahr über eine besonders hohe Anzahl von Vortragseinreichungen für unsere Tagung freuen. Aus diesen hat das Programmkomitee 13 Beiträge ausgewählt, die auf der Tagung in Boppard präsentiert werden und in diesem Tagungsband wiederzufinden sind.

„Autonome Systeme" sind ein Anwendungsbereich, in dem besonders oft die Forderung nach Einhaltung von Echtzeitbedingungen gestellt werden müssen. Die Beiträge dieser Sektion zeigen aber auch, wie weitgefächert die Probleme in diesem Bereich sein können: neben verschiedenen Anwendungsszenarien diskutieren die Autoren Fehlersuche und Testumgebungen für derartige Systeme. Genauso vielfältig wie die Anwendungen sind auch mögliche Systemarchitekturen, deren Entwurf im Bereich der Prozessoren und Sensoren gerade für das „Internet der Dinge" häufig interdisziplinäre Ansätze erfordert. Viele dieser Anwendungen müssen zudem hinsichtlich ihrer funktionalen Sicherheit hohen Ansprüchen gerecht werden: Software, Hardware und geeignete Monitoring-Systeme müssen hierzu ihren Beitrag leisten. Eine Reihe weiterer Problemlösungen und Entwicklungen im Bereich der Controller, Betriebssysteme und der Verifikation ist schließlich im Abschnitt „Echtzeit" enthalten und rundet durch seine Vielfalt die Betrachtungen im Tagungsprogramm ab.

An dieser Stelle sei wiederum Frau Jutta Düring für die organisatorische Abwicklung der Tagung sowie die redaktionelle Unterstützung bei der Erstellung dieses Tagungsbandes ganz herzlich gedankt. Wie in allen Vorjahren ist das in Familientradition geführte Hotel Ebertor in Boppard der Gastgeber für unsere Tagung: wir danken der Leitung und den Mitarbeitern für die langjährige, gleichbleibend gute Betreuung. Allen Teilnehmern wünschen wir erneut schöne Stunden in Boppard am Rhein, viele gute Vorträge und Diskussionen sowie zahlreiche Anregungen für die weitere Arbeit in den kommenden Jahren.

Hagen, im August 2019                                         Herwig Unger

# Inhaltsverzeichnis

## Echtzeit

# PEARL wird 50 und das Digitale Archiv dazu

Peter Holleczek

Regionales Rechenzentrum (RRZE)
der Universität Erlangen-Nürnberg (FAU)

**Zusammenfassung.** 2019 wird PEARL 50 Jahre alt [43]. Während die
Anfänge von PEARL von P. Elzer [37], einem der PEARL-„Väter", bereits
ausführlich gewürdigt wurden, beschäftigt sich dieser Beitrag, motiviert
durch aktuelle Vorfälle, mit der Langzeitentwicklung und beleuchtet die
Vergangenheit mit Hilfe des neu eingerichteten Digitalen Archivs.
Der Autor, seit 1970 bei der PEARL-Entwicklung und später in Gremien
dabei, hatte die Möglichkeit, Zeitdokumente zu sammeln. Das sich ab-
zeichnende Jubiläum und unübersehbare Papier-Alterungsspuren führten
zu dem Entschluss, den Bestand zu digitalisieren und ein digitales Archiv
einzurichten. Plattform ist die kürzlich von der Gesellschaft für Informatik
(GI) ins Leben gerufene Digital Library (dl). Das in Aufbau befindliche
Archiv wird in Struktur, Inhalt und Stand erläutert.
Die reichhaltigste Einzelgruppe an Archiv-Dokumenten besteht aus den
vom damaligen Kernforschungszentrum Karlsruhe in seiner Rolle als Projektträger des BMFT herausgegeben PDV-Berichten und -Notizen. Sie
zeigen die Konsequenz, mit der im Rahmen des 2. DV-Programms der Bundesregierung in den 1970er-Jahren Technologie- und Industrieförderung
vorangetrieben wurden. Ein in der Aufmachung gepflegtes Gegengewicht
zu den „grauen" PDV-Dokumenten ist die Anfang der 1980er-Jahre ins
Leben gerufene redigierte Zeitschrift PEARL-Rundschau.
Fundstücke aus dem Archiv erlauben einen kurzweiligen Blick auf die
Höhepunkte der PEARL-Geschichte. Sie führen zu der Erkenntnis, dass
PEARL-Geschichte gleichermaßen Echtzeit-Geschichte ist, dass vieles
schon einmal da war und zu der Frage, was daraus zu lernen ist.

## 1 Anlass und Lage

50-jährige Jubiläen haben in diesem Jahr Konjunktur, sogar mit technisch-
wissenschaftlichem Bezug. Spektakulär wirkt heute noch die Apollo 11-Mission
mit der Mondlandung. Wesentlich verhaltener und abstrakter kommt einem die
Gründung der Gesellschaft für Informatik vor. PEARL findet sich dennoch in
guter Gesellschaft. Der hohe Innovationsschub der vergangenen Jahre hat das
Interesse an „alter" IT-Technik nicht erlahmen lassen, sondern eher beflügelt,
wie z. B. die 2015 gelungene Restaurierung einer Zuse Z23 an der FAU [40],
mit seit Jahren ausgebuchten Führungen. Unabhängig davon ist das Interesse
an IT/Echtzeit-technischen Leistungen (eher Pannen) Tagesgespräch. Sei es die
unverständliche Brems-Latenz beim ICE, wie es im SPIEGEL [38] heißt „Das
Kommando zum Anhalten eines ICE-3-Zugs irrt etwa eine Sekunde lang durch

© Springer Fachmedien Wiesbaden GmbH, ein Teil von Springer Nature 2019
H. Unger (Hrsg.), *Echtzeit 2019*, Informatik aktuell,
https://doi.org/10.1007/978-3-658-27808-3_1

den Rechner, bis es ausgeführt wird", oder die nicht-redundanten Sensoren bei der Boeing 737 Max 8, wie im SPIEGEL [42] zu lesen ist: „Bisher bezog sich das MCAS zudem immer nur auf die Daten eines Sensors und ignorierte die Daten des anderen. Ein für die Luftfahrt unübliches Verfahren: Dort gilt aus Sicherheitsgründen das Gesetz der Redundanz, alles muss im Prinzip mindestens doppelt vorhanden sein, um den Ausfall eines Systems ausgleichen zu können."

Man bekommt den Eindruck: Es lohnt sich, den Dingen auf den Grund zu gehen.

## 2   ein kleiner Rückblick

Wie P. Elzer, einer der „Väter" von PEARL, in [37] ausführte, lag Ende der 1960er Jahre echtzeittechnisch viel in der Luft. Der Name PEARL wird 1969 zum ersten Mal genannt. Der Autor, 1969 nur mit ALGOL und FORTRAN befasst, gesellt sich 1970 zur PEARL-Entwicklung und hat fortan die Szene über die Jahre begleitet, wenn auch letztlich nur noch aus der Ferne. Er bedankt sich für die Chance, seinen Rückblick hier zu präsentieren, der durchaus persönlich orientiert ausfällt. Der Rückblick, so interessant er sein mag, soll sich aber nicht im „Gestern" verlieren. Er soll auch demonstrieren, was PEARL jetzt ausmacht und wo es hingehen kann. PEARL kann und wird dabei als Synonym für Echtzeit-IT verwendet werden. Generell steht immer die Frage im Hintergrund, was aus der Vergangenheit zu lernen ist.

### 2.1   plakativ

Was ist das interessante an einem Rückblick? Ahnenforschung? Legitimation durch die Vergangenheit? Bei einem technischen Rückblick: Kuriositäten? Aus heutiger Sicht waren es sicher die saalfüllenden Rechner der ersten Stunde. Den konventionellen Rechner-Anordnungen der damaligen Zeit vergleichbar, handelte es sich eigentlich um Prozeßrechenzentren. Ein Rechner war verantwortlich für eine ganze Produktionsanlage, für ein Kraftwerk. Im Gegensatz zu ihren Dimensionen waren die Rechner bezüglich ihrer IT-Architektur merkwürdig und beschränkt. Gerechnet wurde auf einem „Accumulator", Register waren weitgehend Fehlanzeige, adressiert wurden „Worte" (mit z. B. 24 bit), nicht Bytes. Der Speicherausbau war hart begrenzt, in der Regel auf 32k- oder 64k-Worte. Man fragt sich, wie man in dieser Umgebung arbeiten konnte .... Lediglich bei der Rechengeschwindigkeit waren sie, mit Zykluszeiten unter $1\mu s$, schon relativ flott. Als Beispiel mag die in ECL-Technik aufgebaute Rechenanlage Siemens 306 dienen, die im Rahmen der ASME-PEARL-Implementierung (siehe Abschnitt „die PDV-Zeit") ab 1974 zum Einsatz kam (Abb. 1).

### 2.2   chronologisch-organisatorisch

Die Historie läßt sich einfach in Form von Phasen beschreiben.

**Abb. 1.** Prozessrechner Siemens 306 um 1975, rechts Peripherie und Experiment; Arbeitsplatz mittig mit Rollkugel (umgekehrte Maus) und Vektorgraphikschirm

**der Aufbruch (1969-1971)** Das Ende der 1960er Jahre war nicht nur politisch von Bedeutung, auch technologisch herrschte Aufbruchstimmung. Die ersten Universitäten in Deutschland bekamen „ihren" Computer. Dass sie nicht nur rechnen konnten, war bald erkannt. Der Bedarf an Steuerungsmöglichkeiten für technische Prozesse war auf breiter Front offenbar und führte zur Entwicklung einer *Prozess*peripherie. Nur an der Programmierung haperte es. Die ersten höheren Programmiersprachen, entwickelt für sequentielle Vorgänge, wie z.B. FORTRAN und ALGOL, scheiterten am nicht-sequentiellen Verhalten realer (technischer) Prozesse. Es war sicherlich ein Glücksfall, dass sich Anwender aus der Industrie, Hersteller, Institute und Softwarehäuser in Deutschland zusammenfanden und sich im PEARL-Arbeitskreis austauschten. BBC brachte „PAS1" mit. P. Elzer wurde der Sekretär des AK. Die ersten Publikationen zu PEARL entstanden [2,3]. Am Physikalischen Institut der Universität Erlangen-Nürnberg förderte der BMFT bis 1971 die Entwicklung der Prozeß-Programmiersprache PEARL im Rahmen der Nuklearen Datenverarbeitung, Vorhaben NDV 13 bzw. NDV 15 [4].

**die PDV-Zeit (1971–1980)** Der Bund erkannte den Bedarf und das breite Engagement in Deutschland. Er sah die weltweiten Chancen einer deutschen Initiative und förderte großzügig und durchaus nachhaltig die „Prozesslenkung durch Datenverarbeitung" im Projekt PDV. Projektträger war die Gesellschaft für Kernforschung in Karlsruhe (KfK). Im Rahmen von PDV versammelte sich die ganze Echtzeit-Szene. Es entstanden die ersten PEARL-Compiler, in der Industrie, bei Softwarehäusern und in Instituten. Im Rahmen der ASME (Arbeitsgemeinschaft Stuttgart-München-Erlangen) wurde erfolgreich eine arbeitsteilige Industrie-Universitäts-Kooperation praktiziert.

Leider blieb Ende der 1970er-Jahre der Elan des Bundes bei der internationalen Durchsetzung von PEARL auf der Strecke. Die seinerzeitigen Aktivitäten sind in den PDV-Mitteilungen, -Berichten und -Entwicklungsnotizen dokumentiert (Abb. 2) .

**Abb. 2.** KfK PDV 187, Sammlung von PDV-Abschlussberichten, 1980

**die Zeit des PEARL-Vereins (1980–1991)** Der Bund versüßte seinen Förder-Ausstieg durch Mitwirkung bei der Gründung des PEARL-Vereins, in dem alle Folgeaktivitäten, einschließlich der Weiterentwicklung, gebündelt werden sollten. Der Verein gab die wohlredigierte Zeitschrift PEARL-Rundschau (1980–1982) heraus, auch heute noch eine Fundgrube von innovativen Ansätzen. PEARL war in diesem Kontext, wie auch schon zur PDV-Zeit, nur ein Synonym für Echtzeit. Schriftleiter war P. Elzer. Jährliche Workshops wurden eingeführt, deren Tradition bis heute fortgeführt wird. Publiziert wurde anfangs im Eigenverlag, später bei Springer. Frühzeitig erkannt wurde die maßgebliche Rolle von PCs bzw. PC-Architekturen bei der Steuerungstechnik. Gewürdigt wurde sie durch die

Workshop-Reihe Personal Realtime Computing [23, 29]. Eine zentrale Förderung gab es nicht mehr. Entwicklungen mussten aus Eigenmitteln finanziert werden oder über normale Drittmittelförderung. An der FAU z. B. gelang der Einstieg in das DFG-Schwerpunkt-programm Mikroprozessor-Programmierung [27]. Die Standardisierung von PEARL wurde aufgesetzt [12]. Der Verein war durch die Gewichtung der Stimmrechte stark industrieorientiert, was die Standardisierung begünstigte, aber die Entwicklung nicht unbedingt förderte.

**die GI-Zeit (1991 bis heute)** Der Niedergang der deutschen IT-Industrie und die schleppenden Innovationen brachte den Verein in eine Schieflage, so dass eine Neuorientierung unumgänglich war. Die neue Heimat von PEARL und Rechtsnachfolger des PEARL-Vereins wurde die GI-Fachgruppe (FG) „Echtzeit-programmierung", später vereinigt mit „Echtzeitsystemen" und letztlich zum GI-Fachausschuss (FA) ernannt. Zur Mitglieder-Information wurde 1992 der zwei Mal im Jahr erscheinende Rundbrief PEARL-News eingerichtet, der sich der Diskussion von Fachfragen unter dem Jahr widmet. PEARL wurde mit PEARL 90 auf einen neuen Stand gebracht. Nach der Umbenennung des Fachausschusses in Echtzeitsysteme wird „Echtzeit" auch Bestandteil des Workshop-Namens und des Rundbriefs. Ihren ersten Internet-Auftritt bekam die FG 1997 unter www.real-time.de. Wissenschaft und Lehre rund um Echtzeit stehen seitdem im Vordergrund. Die Weiterentwicklung kommt in Gang. Zur Förderung des wissenschaftlichen Nachwuchses werden 2005 erstmals Reisestipendien zum Besuch von Tagungen vergeben, seit 2007 werden Preise für Abschlussarbeiten ausgelobt.

## 2.3   technisch-wissenschaftlich

Technisch-wissenschaftlich kann man PEARL und die Vergangenheit nach Begriffen des Software-Engineering einordnen.

**die Sprache** PEARL als Programmiersprache ist das Kind seiner Zeit. Vorbilder im konventionell sequentiellen Bereich waren ALGOL68 und PL/1. Fast revolutionär war 1970 [2] dagegen die Einführung von parallelen Tasks als Aktivitätsträgern, der zugehörige Task-Steuerung und der Dijkstra'schen Semaphore [1] zur Task-Synchronisierung. Die Kommunikation erfolgte über gemeinsame Daten. Zur Behandlung von Ausnahmesituationen dienten INTERRUPTs (für externe Ereignisse) und SIGNALs (für interne Ereignisse).

Das Aufkommen der Mehr-Rechner-Konfigurationen verlangte eine neue Art der Kommunikation. Ein erster Ansatz, hauptsächlich für Mehrprozessorkonfigurationen, baute primär auf netzglobale Daten [17]. In einem weitergehenden Ansatz wurden 1983 im Rahmen eines DFG-Vorhabens [20] Botschaftsoperationen zur Kommunikation erprobt. Um mit Wartesituationen umgehen zu können, wurden nichtdeterministische Kontrolloperationen nach Dijkstra [5] und Hoare [7] eingeführt, verbunden mit einem Timeout-Ausgang, der grundsätzlich auch zur Befreiung nach klassischen Blockadesituationen, z. B. bei Semaphoren, geeignet war. Die Standardisierung für Mehrrechner-PEARL [32] wurde aufgesetzt.

**die Umgebung** Das Programmieren in einer Hochsprache schafft zwar Erleichterungen bei der Erstellung, reicht aber nicht für die Entwicklung größerer wohlstrukturierter und handhabbarer Programme. Beispielhaft werden zwei von PEARL ausgehende Entwicklungen herausgegriffen. Schon früh erkannte R. Lauber [11] den Bedarf und entwickelte ein „Entwurfsunterstützendes PEARL-orientiertes Spezifikationssystem" (EPOS). EPOS wurde permanent weiterentwickelt und lange Jahre kommerziell angeboten [35]. Mit dem Aufkommen verteilter Systeme folgte A. Fleischmann [22] mit dem „Parallel Activities Specification Scheme (PASS)". PASS führte zu engagierten Diskussionen über „Objekte" und „Subjekte" [34]. Nach Einsätzen in der Kommunikationstechnik [33] zeigte PASS seine Fähigkeit zur Abbildung von naturgemäß nebenläufigen Geschäftsprozessen und führte zu einer Denkschule über subjektorientierte Geschäftsmodelle mit eigenen wissenschaftlichen Veranstaltungsreihen (www.s-bpm-one.org).

Sprachorientierte Testsysteme für klassische Programme [13], für verteilte Programme [14] und für verteilte Programme mit Botschaftsoperationen [19] rundeten die Umgebung ab.

**Implentierungen** Ziel der Bundesregierung und des PDV-Projekts war, möglichst viele deutsche Prozeßrechner zu versorgen. Was lag wirtschaftlich näher, als zu versuchen, mit einem Compiliersystem mehrere Systemarchitekturen abzudecken, wie es im Rahmen der ASME (siehe Abschnitt „die PDV-Zeit") erfolgte. Ein Compileroberteil generierte Code für eine abstrakte Zwischensprache und versorgte mit unterschiedlichen Codegeneratoren verschieden Zielsysteme mit eigens an PEARL angepassten Betriebssystemen [16]. Eine Besonderheit der Implementierung für die Siemens 306 war der erstmalige Einsatz einer standardisierten, der aus dem Bereich Teilchenphysik stammenden Prozessperipherie CAMAC [45]. Die Interruptauflösungszeit der 306-Implementierung (Zeit vom Eintreffen des Interrupts bis zur Ausführung des ersten PEARL-Statements) betrug 2,5 ms. Premiere war am 29.5.1975 (Abb. 3). Das erste Programm war ein Interpreter für CAMAC-Befehle.

Ende der 1970er Jahre brachten die großen deutschen Elektrokonzerne und Ausrüster (z. B. AEG-Telefunken, BBC, Dornier, Krupp-Atlas, Siemens) modernere byte-orientierte Prozeßrechner („Kleinrechner") heraus, für die sie selbst Programmiersysteme entwickelten (z. B. AEG 80-xx, Siemens 3xx). Softwarehäuser (z. B. Werum, GPP) boten eigene Lösungen. Eine Überraschung war 1979 der Einstieg des US Computerherstellers Digital Equipment, der damals besonders im F&E-Bereich vertreten war. Gleichzeitig erschienen Mikroprozessoren auf dem Markt, erst als wohlfeiles Spielzeug belächelt, dann als Konkurrenz gefürchtet. Die Hochschulen erkannten das Potential schnell. Die FAU startete 1978 mit einem Betriebssystemkern für den Z80 [8], die Uni Hannover kam Ende 1981 mit PEARL für das Motorola 68000 Design Modul heraus [15], die FAU Ende 1982 mit verteiltem PEARL für den Zilog Z80 [18]. 1983 folgte GPP mit PEARL für Intel 8086 [21]. Die zugehörigen Echtzeitbetriebssysteme waren entweder eine Eigenentwicklung (Uni Hannover, FAU) oder herstellerneutral (GPP mit PortOs [36]). 1986 [25] kam erstmals UNIX als Trägerbetriebssystem

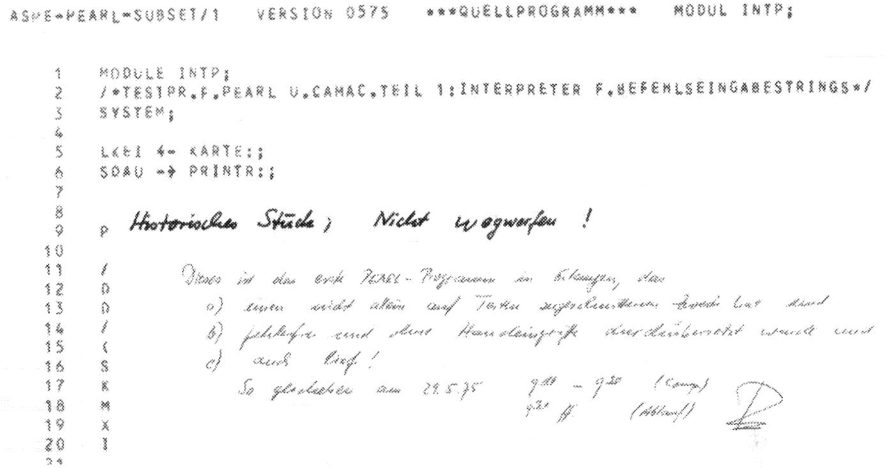

```
ASME-PEARL-SUBSET/1    VERSION 0575   ***QUELLPROGRAMM***   MODUL INTP;

  1    MODULE INTP;
  2    /*TESTPR.F.PEARL U.CAMAC,TEIL 1:INTERPRETER F.BEFEHLSEINGABESTRINGS*/
  3    SYSTEM;
  4
  5    LKEI 4- KARTE:;
  6    SOAU -> PRINTR:;
  7
  8
  9
 10
 11
 12
 13
 14
 15
 16
 17
 18
 19
 20
 21
```

**Abb. 3.** ASME-Premiere: erster erfolgreicher Übersetzungslauf eines Programms zum Interpretieren von CAMC-Befehlen, mit Kommentar von P. Elzer

ins Gespräch. Die deutschen Hersteller gerieten ins Hintertreffen, insbesondere aufgrund ihrer selbstgesetzten Beschränkung auf 16bit-Architekturen und den damit begrenzten Adressraum, ganz besonders aber durch die Übermacht der Mikroprozessortechnik. Das Aufkommen wohlfeiler PCs und deren Adaption für die Steuerungstechnik besiegelte das Ende der deutschen Eigenentwicklungen. PEARL und die Echtzeit-Szene kommen mit der Intel-Architektur und Spezial-Betriebssystemen bzw. Linux im Mainstream an.

**Anwendungen** Die ersten PEARL-Implementierungen Mitte der 1970er Jahre dienten hauptsächlich als proof-of-concept, zur wissenschaftlichen Auswertung und zur Ausbildung. Für schnell zu realisierende Kleinanwendungen waren die verwendeten Rechner zu kostspielig. Umfangreichere Anwendungen mussten erst neu entwickelt werden. Für die standen dann aber schon firmenspezifische PEARL-Implementierungen auf Kleinrechnern zur Verfügung. Über die ersten industriellen Anwendungen z. B. bei der Messwerterfassung wurde von AEG-Telefunken in [6] berichtet. 1979 [9] breiteten sich die Anwendungen branchenweise z. B. auf die Energieversorgung (OBAG), Brauereien (Henninger) und Entwicklungslabore (Bauknecht) aus. Einsätze auf breiter Front lassen sich in einem Bericht anlässlich der Industrie-Messe INTERKAMA 1980 [10] nachlesen. In der Folgezeit, ohne Einflußnahme des Bundes, wurde von der Industrie nicht mehr so freizügig berichtet. Beispiele finden sich dennoch in der PEARL-Rundschau. Dafür traten Anwendungen von und mit Hochschul-Entwicklungen in den Vordergrund, z. B. [24, 28]. Die Ausweitung auf die Kommunikationstechnik [30, 31] rückt PEARL vollends in den allgemeinen Echtzeit-Bereich.

## 3    ein Archiv

Woher stammen die ganzen Weisheiten aus den vergangenen Jahrzehnten? Elementare Dinge wurden ordentlich publiziert. Manche Zeitschriftenreihen sind allerdings bereits vergriffen, Verlage verschwunden. Viel Wissen und Zeitinformation steckt auch in Berichten, Prospekten, Produktinformationen, also sog. „grauer" Information. Nur an wenigen Stellen gab es die Möglichkeit, Papierdokumente über lange Zeit hinweg zu sammeln. Papierdokumente aber altern und laufen Gefahr, beim nächsten Umzug entsorgt zu werden. Eine Digitalisierung ist geboten, ein digitales Archiv angebracht. Ansätze dazu gibt es. Auf der Echtzeit-Homepage finden sich z. B. AK-Sitzungsprotokolle, Titeleien der Workshop-Proceedings und Workshop-Vortragsfolien. An der FAU wurde zum Austausch von digitalisiertem Material mit Interessenten die Cloud FAUbox (https://faubox.rrze.fau.de) dazu herangezogen.

Ein weitgehendes Angebot kam, gerade rechtzeitig, von der GI (https://dl.gi.de), ähnlich dem der ACM (https://dl.acm.org). Ein Großteil der in diesem Artikel referenzierten Literatur findet sich bereits im GI-Archiv.

### 3.1    dl.gi.de

Das baumförmig strukturierte GI-Archiv erlaubt das Einbringen von GI-eigenen Publikationen oder von Dokumenten von GI-Untergliederungen. Beiträge können als Text oder referenziert eingestellt werden. Text-Dokumente können unstrukturiert untergebracht werden, oder heruntergebrochen auf einzelne Autoren. In Anbetracht des ganzheitlichen Ansatzes lag es für den FA nahe, sich grundsätzlich dem GI-Archiv anzuschließen. Die eingestellten Echtzeit-Dokumente sind, nach dem Einstieg über dl.gi.de, eingeordnet unter Bereiche / Fachbereiche / Technische Informatik (TI). Die bislang übergebenen Dokumente finden sich eingestreut unter den TI-Dokumenten.

Begonnen wurde mit größeren Reihen. Das GI-Archiv erlaubt für jede Reihe eine charakterisierende Kopf-Information. Verfügbar sind im Augenblick die Reihen *PEARL-Tagung, PEARL-Rundschau, Fachtagung Personal Realtime Computing* und *Projekt Prozeßlenkung mit DV-Anlagen*, siehe Abb. 4.

Vorbereitet sind die Teilbereiche *Berichte, Proceedings, PEARL-Sprachbeschreibungen, Sprachbeschreibungen* und *Systemsoftware*.

### 3.2    Gebrauch

Nicht jede Quelle ist aus heutiger Sicht gleichermaßen bedeutend. Dennoch kann reines „Blättern" schon Eindrücke vermitteln. Für gezieltes Suchen gibt es kontextabhängige Funktionen. Wenn einem die Ergebnisse zu unscharf vorkommen, kann man, mit etwas Hintergrundwissen, individuell suchen. Eine Fundgrube sind die PDV-Berichte/Entwicklungsnotizen. Eine Art Abschlußbericht der PDV-Ära findet sich in KfK-PDV 187 [10]. Mittlerweile haben auch Suchmaschinen das GI-Archiv verinnerlicht. Die Eingabe von „PEARL-Rundschau" liefert bei einem bekannten Anbieter das gesuchte Objekt an erster Stelle, gefunden unter dl.gi.de, siehe Abb. 5.

## Technische Informatik (TI)

AUFLISTUNG NACH

| Titel | Autor | Erscheinungsdatum | Schlagwort |

### Teilbereiche in diesem Bereich

| | | | |
|---|---|---|---|
| Fachtagung Personal-Realtime-Computing | 27 | FERS-Mitteilungen | 34 |
| it - Information Technology | 40 | PARS-Mitteilungen | 116 |
| PEARL-Rundschau | 128 | PEARL-Tagung | 93 |
| Projekt Prozeßlenkung mit DV-Anlagen (PDV) | 64 | | |

**Abb. 4.** Echtzeitdokumente in der dl.gi.de, eingestreut unter „TI"

## 3.3  Erfahrungen

Für die serienmäßige Digitalisierung mit 600dpi und Texterkennung bedarf es einer ordentlichen IT-Infrastruktur. Selbst bei einer vernünftigen Kategorisierung und Zwischenspeicherung ist der technische Aufwand nicht zu unterschätzen. Unkalkulierbar wird der Aufwand, wenn das Copyright ins Spiel kommt und man auf die Kooperation von Verlagen angewiesen ist. Grundsätzlich digitalisieren Verlage ihre Reihen auch selbst. Kritisch wird es, wenn Publikationen vergriffen und für die wissenschaftliche Auswertung unauffindbar sind. Man kann sie zwar „blind" zitieren, überprüfen aber nicht. Letztlich stellt sich bald die Frage nach dem erträglichen Verhältnis von Aufwand und Nutzen.

Bislang nährt sich das Echtzeit-Archiv von „wertvollen" Papier-Dokumenten aus den 1970er-, 1980er- und evtl. 1990er-Jahren, so auffindbar. Zurück zur Ausgangsfrage: In manchen Fällen, z. B. bei den PDV-Dokumenten, zeigt die Technische Informationsbibliothek Hannover (TIB) Interesse an Papierdokumenten.

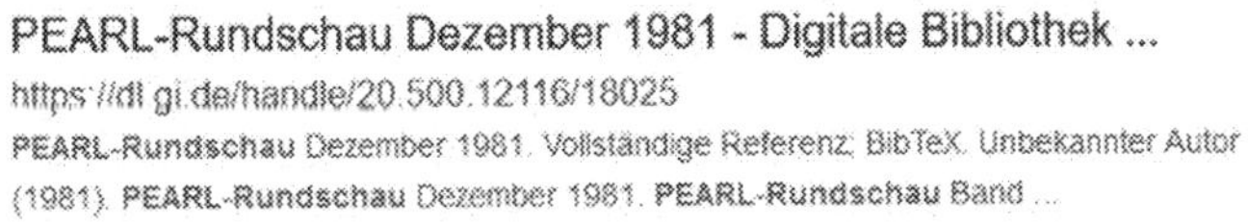

PEARL-Rundschau Dezember 1981 - Digitale Bibliothek ...
https://dl.gi.de/handle/20.500.12116/18025
PEARL-Rundschau Dezember 1981. Vollständige Referenz; BibTeX. Unbekannter Autor
(1981). PEARL-Rundschau Dezember 1981. PEARL-Rundschau Band ...

**Abb. 5.** Suchmaschinen-Fundstück PEARL-Rundschau

## 4  PEARL heute

Im industriellen Einsatz ist PEARL heute durchaus noch in Form der RTOS-UH [39] Implementierung bei KMUs. Haupteinsatzfeld ist allerdings inzwischen die Ausbildung. Was lag es näher, als PEARL im wissenschaftlichen Umfeld unter den Fittichen des AK *OpenPEARL* unter Linux neu aufzusetzen. Das Programmiersystem ist als Teilmenge von PEARL90, gepflegt, unter `https://sourceforge.net/projects/openpearl/` verfügbar und wird rege heruntergeladen.

Angesichts der Erkenntnis, daß Echtzeit-Anwendungen hauptsächlich durch ihr Scheitern ins Blickfeld geraten (siehe Kap. 1), wurde der PEARL-Standard nach DIN 66253-2 und DIN 66253 Teil 3 (einzige deutsche Normen für Programmiersprachen) insbesondere bezüglich funktionaler Sicherheit angegangen. Als Ergebnis erschien 2018 die neue Norm DIN 66253 Informationsverarbeitung – Programmiersprache *PEARL – SafePEARL* [41].

## 5  50 Jahre und ...

PEARL und die im FA repräsentierte Echtzeit-Szene haben sich vor Anpassungen nicht gescheut, sich behauptet und sind lebendig geblieben. In der fach-öffentlichen Wahrnehmung mag Echtzeit-Programmierung eine Nischenfunktion wahrnehmen, tritt mit spektakulären Pannen dann aber wieder in die Tagespresse. PEARL und Echtzeit haben gerade über das GI-Archiv die Chance, sich konzentriert aufzustellen. Für den wissenschaftlichen Nachwuchs ergibt sich die Chance, aus der Vergangenheit lernen zu können. Nicht, daß Fehler öffentlich breitgetreten werden müssen wie im Fall der Boeing 737 Max 8, so der SPIEGEL in [44]: „...Konkret geht es darum, dass Boeing Teile der Software von Subunternehmern in Indien erstellen ließ, von Programmierern mit einem Stundenlohn von gerade einmal neun Dollar" und „...in Indien seien reihenweise Programmierer unmittelbar nach ihrem Hochschulabschluss von einem Subunternehmer verpflichtet worden. Diese hätten dann im Auftrag von Boeing die 737-Max-Programme entwickelt", was Boeing zurückweist.

Die gezielte Nachwuchsförderung und der regelmäßige Austausch anläßlich der Workshops versprechen indes eine ständige Qualitätsverbesserung der Ansätze und sind *notwendig*.

## Literaturverzeichnis

1. E. W. Dijkstra: Cooperating Sequential Processes in: Genuys (Editor); Programming languages, London 1968
2. J. Brandes, S. Eichentopf, P. Elzer, L. Frevert, V. Haase, H. Mittendorf, G. Müller, P. Rieder: PEARL – The Concept of a Process- and Experiment-oriented Programming Language; elektronische datenverarbeitung Heft 10/1970, Vieweg
3. B. Eichenauer, V. Haase, P. Holleczek, K. Kreuter, G. Müller: PEARL, eine prozeß- und experimentorientierte Programmiersprache; Angewandte Informatik Heft 9/1972, Seite 363–372, Vieweg

4. P. Elzer, P. Holleczek: Überlegungen zur Definition einer experimentorientierten Programmiersprache; Phys. Inst. der Univ. Erlangen-Nürnberg, BMFT-Abschlußbericht Mai 1974

5. E. W. Dijkstra: Guarded Commands, nondeterminacy and derivation of programs; Comm. ACM August 1975

6. W.-D. Blaum, W. Körner: Programmiersprachen im undustriellen Einsatz von Prozeßrechnern, in: Tagungsband zum Aussprachetag PEARL in Augsburg; PDV-Berichte, KfK-PDV 110, 52–63, Ges. f. Kernforschung mbH, März 1977

7. C. A. R. Hoare: Communicating Sequential Processes; Comm. ACM August 1978

8. R. Rössler: PEARL-Betriebssystem für den Z80; PDV-Entwicklungsnotizen, PDV-E 119, Kernforschungszentrum Karlsruhe, Juni 1978

9. Industrielle Erfahrungen mit der Programmiersprache PEARL (T. Martin Hrsg.); PDV-Berichte, KfK-PDV 171, Kernforschungszentrum Karlsruhe, Juni 1979

10. INTERKAMA'80 – Kurzvortragsreihe auf der Sonderschau „angewandte Forschung" (W. Hofmann Hrsg.); PDV-Berichte KfK-PDV187, Kernforschungszentrum Karlsruhe August 1980

11. J. Biewald, P., Göhner, R. Lauber et al.: Das Software-Werkzeug EPOS zur Unterstützung der Ingenieurtätigkeiten beim Entwurf und bei der Wartung von Prozeßautomatisierungssystemen; at – Automatisierungstechnik 1980, 28(1-12), pp. 11–15.

12. Programmiersprache PEARL. DIN 66253 Teil 1

13. P. Heine, F. v. Stülpnage: Petsy: ein PEARL Test System zum Austesten von physikalisch verteilen Programmen unter Realzeit-Bedingungen; PEARL-Rundschau Heft 6, Band 2, Dezember 1981

14. P.-J. Brunner et al.: PEARL Testsystem; PEARL-Rundschau Heft 6, Band 2, Dezember 1981

15. W. Gerth: Basic-PEARL auf dem MC68000 Design-Module; PEARL-Rundschau Heft 6, Band 2, Dezember 1981

16. P. Holleczek: Ein portables Prozeßprogrammiersystem auf der Basis von PEARL; PFT-Entwicklungsnotiz KfK-PFT E8, Kernforschungszentrum Karlsruhe, August 1982

17. H. Steusloff: Mehrrechner-PEARL für Mehrrechner- und Mehrprozessor-Systeme; PEARL-Rundschau, Heft 4, Band 3, November 1982

18. A. Fleischmann et al.: Ein Mechanismus zur Kommunikation für verteilte Systeme in PEARL; PEARL Rundschau Heft 5, Band 3, Dezember 1982

19. C. Andres et al.: Ein PEARL-Testsystem zum Einsatz in verteilten Systemen; PEARL Rundschau Heft 5, Band 3, Dezember 1982

20. A. Fleischmann et al.: Synchronisation und Kommunikation verteilter Automatisierungsprogramme; Angewandte Informatik 7/83, Vieweg

21. K. Lucas: Basic PEARL für dedizierte Anwendungen auf PDP 11 und Intel 8086; PEARL-Tagung 1983

22. A. Fleischmann et al.: Eine Spezifikationstechnik für verteilte Systeme; PEARL-Tagung 1984

23. Fachtagung Personal-Realtime-Computing – Industrieller Einsatz von PCs für Echtzeitaufgaben; PEARL-Verein e.V. Düsseldorf, 11. und 12. Sept. 1986

24. R. Müller et al.: Ein Nachführsystem für Beschleunigerstrahlen auf Basis eines Mikrocomputers; PEARL-Tagung 1985; PEARL-Verein e.V. Düsseldorf

25. G. Färber: Unix- und Realzeit-Anwendungen; PEARL 86, PEARL-Verein e. V. Düsseldorf

26. E. Heilmeier et al.: Verteilte Programme zur ausfallsicheren Datenerfassung mit redundanten Mikrorechnern; Automatisierungstechnische Praxis atp 7/1986

27. P. Holleczek: Eine Programmiertechnik für Verteilte Systeme von Mikroprozessoren; DFG-Abschlussbericht, Regionales Rechenzentrum der Univ. Erlangen-Nürnberg August 1986

28. R. Baran et al.: An Automatic Fault Monitoring System Using a Microcomputer; Nucl. Instr. Methods A250 (1986) 534-538, North Holland

29. Personal-Realtime-Computing'86; PEARL-Verein e.V. Düsseldorf, 10. und 11. Sept. 1986

30. C. Andres, U. Hillmer et al.: Benutzerorientierte Zugangskontrolle und Abrechnung für private X.25-Netze; GI/NTG-Fachtagung Kommunikation in Verteilten Systemen 1987, Springer, Informatik Fachberichte 130

31. W. Röhrl: Zur Verwendung von PEARL bei der Programmierung von Knotenrechnern in dedizierten verteilten Systemen, PEARL-Tagung 1987, PEARL-Verein e.V., Düsseldorf

32. DIN 66253, Teil 3, Mehrrechner-PEARL, 1988

33. P. Holleczek, C. Andres: A Programming Environment for Distributed Realtime Applications; 22nd Hawaii International Conference on System Sciences (Bruce D. SHRIVER editor), Software Track, IEEE 1989

34. A. Fleischmann: Entwicklung verteilter Realzeitprogramme: Eine Übersicht; PEARL 93 Workshop über Realzeitsysteme, Springer 1993

35. https://www.computerwoche.de/a/epos-2000-dokumentiert-alte-software,1142397

36. Benjamin Atkin, Emin Gun Sirer: PortOS: An Educational Operating System for the Post-PC Environment. 33rd ACM Technical Symposium on Computer Science Education (SIGCSE) 2002.

37. P. Elzer: Anmerkungen zur (Früh-)Geschichte von PEARL; PEARL News Ausgabe 2, November 2005

38. https://www.spiegel.de/wirtschaft/unternehmen/spiegel-neue-ice-modelle-haben-probleme-mit-steuerungssoftware-a-869137.html

39. Arbeitskreis Embedded Systems, RTOS-UH/PEARL in https://www.real-time.de/archiv.html

40. https://www.rrze.fau.de/2015/03/die-alte-zuse-z23-laeuft-wieder-und-begeistert-generationen/

41. DIN 66253 Programmiersprache PEARL – SafePearl 2018 03, https://www.din.de/de/wdc-beuth:din21:284094216

42. https://www.spiegel.de/wissenschaft/technik/boeing-so-soll-das-software-update-die-737-max-wieder-sicher-machen-a-1259667.html

43. Wolfgang A. Halang: 50 Jahre Echtzeitprogrammiersprache PEARL; Informatik Spektrum Juni 2019 / FORUM, GI/GMA/ITG-Fachausschuss Echtzeitsysteme

44. https://www.spiegel.de/wirtschaft/unternehmen/boeing-liess-software-fuer-737-max-in-indien-programmieren-a-1275277.html

45. https://de.wikipedia.org/wiki/CAMAC

# Miniaturautonomie und Echtzeitsysteme

Stephan Pareigis, Tim Tiedemann, Jonas Fuhrmann, Sebastian Paulsen,
Thorben Schnirpel und Nils Schönherr

Department Informatik, HAW Hamburg
Berliner Tor 7, 20099 Hamburg
{stephan.pareigis|tim.tiedemann}@haw-hamburg.de

**Zusammenfassung.** Autonomes oder teilautonomes Fahren im Miniaturmaßstab erfordert auf geringen Platz und eingeschränkte Ressourcen spezialisierte Mechanik, Elektronik sowie Soft- und Hardware. In dieser Arbeit werden zwei Miniaturfahrzeuge vorgestellt. Der Miniatur-PKW im Maßstab 1:63 basiert auf einem ESP32. Der Miniatur-LKW im Maßstab 1:87 soll zukünftig mit einem auf eingebettete maschinelle Lernverfahren spezialisierten FPGA-Design ausgestattet werden. Die Arbeiten entstehen gemeinsam mit Bachelor-Studierenden der Informatik und dem Miniatur Wunderland in Hamburg.

## 1  Miniaturautonomie

Die Erarbeitung einer Miniaturlösung für autonome Fahrzeuge kann für verschiedene Ziele verfolgt werden [1]. Zunächst stellen sich hierbei unterschiedliche Herausforderungen in Bezug auf Miniaturisierung von Mechanik, der Elektronik sowie der Stromversorgung. Bei der einzusetzenden Software für die Verarbeitung der Sensordaten sowie der Bahnplanung und Regelung des Fahrzeugs stellt sich die Herausforderung, Algorithmen auf beschränkter Hardware einsetzen zu müssen und sie dafür noch einmal ganz neu zu hinterfragen und zu optimieren. Speziell bei maschinellen Lernverfahren können nicht mehr beliebige Verfahrensklassen eingesetzt werden, z.B. Deep Learning. Diese Verfahren müssen an die beschränkten Kapazitäten und das reduzierte Platzangebot angepasst werden.

Sobald (teil-) autonome Miniaturfahrzeuge bereit stehen, eröffnen sie eine ganz neue Testmöglichkeit für Entwicklungen des autonomen Fahrens [2]. So bieten Modellfahrzeuge einen Kompromiss zwischen den aufwändigen (und erst spät möglichen) Realtests und den abstrakteren Simulationen (siehe auch [3]). Der deutliche Unterschied zwischen realen Sensordaten realer Umgebungen und den Sensordaten der Miniatursensoren in einer Miniaturumgebung sind dabei oft nicht relevant. So werden die reine Sensorentwicklung und -tests sowieso getrennt durchgeführt und sind im Fehlerfall oft nicht verantwortlich. Im Miniaturmaßstab zu (unter-) suchende Fehler liegen eine Abstraktionsebene höher. Beispiele liefern die schweren Unfälle (teil-) autonomer Fahrzeuge der vergangenen Jahre: Ein Sensor erkennt ein Hindernis, ein anderer nicht oder die Seriensensorik erkennt eine Passantin, eine entsprechende Reaktion erfolgte jedoch nicht.

© Springer Fachmedien Wiesbaden GmbH, ein Teil von Springer Nature 2019
H. Unger (Hrsg.), *Echtzeit 2019*, Informatik aktuell,
https://doi.org/10.1007/978-3-658-27808-3_2

Im Fokus von Miniaturtests können einerseits "edge cases", kritische Fahr- und Verkehrssituationen stehen und andererseits die mehrfache Wiederholung von eigentlich unkritischen Situationen (das Sammeln von hohen Testkilometerzahlen in Alltagssituationen). Siehe hierzu auch [2].

Schließlich bietet sich bei der Anwendung maschineller Lernverfahren noch der besondere Testfall, dass eine Autonomielösung im laufenden Betrieb weiter lernt. Dies wird derzeit aus Sicherheitsgründen vermieden und müsste zunächst außerhalb der öffentlichen Straßen – etwa in einer Miniaturumgebung – ausgiebig getestet werden.

## 2   Miniaturfahrzeuge

Im Miniatur Wunderland in Hamburg [4] fahren Modellautos basierend auf der Technologie des FALLER Car-Systems [5]. Im Rahmen von Abschlussarbeiten und Projekten am Department Informatik der HAW Hamburg wird untersucht, ob echtes autonomes Fahren – ohne Fahrdraht wie im FALLER-System – im Maßstab 1:87 auf den Modellstraßen möglich ist. Dazu wurden Modellfahrzeuge im Maßstab 1:87 bzw. 1:63 entwickelt und gebaut [6].

### 2.1   Fahrzeugtyp Pkw

Um eine geeignete Plattform (Fahrwerk und Karosserie) zu finden, wurde in [6] zunächst mit preiswerten ferngesteuerten Modellautos im Maßstab 1:63 experimentiert. Diese erwiesen sich als ungeeignet. Die Lenkung kann nur drei Positionen anfahren und die Geschwindigkeit des Fahrzeugs ist zu schnell und lässt sich kaum regeln. Abbildung 1 zeigt die gekaufte Plattform mit Mikrocontroller und Kamera.

Daher wurde der Rahmen des Fahrzeugs selbst entwickelt und mittels 3D-Druck ausgedruckt. Der obere Rahmen hält ein ESP32-Mikrocontroller-Board, die Kamera und den Akku. Auf der selbst entwickelten Bodenplatte ist eine Parallelogramm-Lenkung aufgebaut, die von einem Linear-Servo angesteuert wird. Der Antrieb erfolgt über ein Miniatur-Schneckengetriebe an der Hinterachse. Abbildung 2 zeigt in der CAD-Zeichnung die Komponenten der Fahrplattform, eine Detailaufnahme der Lenkung und den Größenvergleich mit dem gekauften Fahrzeug. Die selbstentwickelte Plattform hat die mechanischen Voraussetzungen für autonomen Betrieb: Es gibt eine hinreichend präzise Lenkansteuerung und durch das Schneckengetriebe die Möglichkeit, hinreichend langsam zu fahren.

Als Prozessor wurde ein ESP32 gewählt, der von M5Stack auf einer Entwicklungsplatine zusammen mit einer 2 MP Kamera von Omnivision geliefert wird. Auf dem System-on-Chip befindet sich ein 32-bit Zweikernprozessor, WLAN und Peripherie. Eine Ladeschaltung auf der Platine erlaubt den Betrieb mit einem Lithium-Ion-Akku. Als Entwicklungsumgebung wurde das von Espressif gelieferte ESP IoT Development Framework (ESP-IDF) genutzt. Das von Espressif modifizierte Betriebssystem FreeRTOS erlaubt die Nutzung beider Prozessorkerne durch symmetrisches Multiprozessing (SMP).

**Abb. 1.** Gekaufte Plattform (links) im Maßstab 1:63, rechts mit Mikrocontroller und Kamera. (Bildquelle: [6])

**Abb. 2.** Links: CAD-Entwurf des autonomen Miniaturfahrzeugs. Mitte: Detailaufnahme der Parallellenkung. Rechts: Gekauftes Spielzeugauto neben selbstentwickelter Fahrplattform. (Bildquelle: [6])

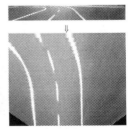

**Abb. 3.** Links ist zum Größenvergleich ein Raspberry Pi Zero neben der Platine und Camera des ESP32 von M5Stack zu sehen. Die Maße der ESP32-Platine sind 44x20 mm. Das Bild in der Mitte zeigt die Fahrbahn aus Fahrzeugperspektive mit zusätzlichem Weitwinkelobjektiv. Der innere Bildausschnitt zeigt das Kamerabild der mitgelieferten Omnivision Kamera ohne Weitwinkelobjektiv. Rechts oben zeigt das Kamerabild und darunter das transformierte Bild in Weltkoordinaten (Bildquelle: [6]).

Abbildung 3 zeigt auf dem linken Bild die EPS32 Platine neben einem Raspberry Pi Zero als Größenvergleich. Das mitgelieferte Objektiv der Kamera musste gegen ein Weitwinkelobjektiv mit 120 Grad Blickwinkel getauscht werden, um den Kurvenverlauf ausreichend sehen zu können. Das mittlere Bild in Abbildung 3 zeigt beide Objektive im Vergleich.

Als Versuchsumgebung wurden die Bedingungen gewählt, die im Carolo-Cup der TU Braunschweig vorliegen (siehe [7]). Dies ist ein studentischer Konstruktionswettbewerb, bei dem autonome Fahrzeuge im Maßstab 1:10 entwickelt werden. Die Wettbewerbsbedingungen wurden dem Maßstab 1:63 entsprechend verkleinert. Abbildung 4 zeigt auf dem linken Bild die Fahrbahn, welche durch weiße Linien mit unterbrochenem Mittelstreifen markiert wird. Hindernisse werden durch weiße Rechtecke auf der Fahrbahn dargestellt.

**Abb. 4.** Links: Autonomes Miniaturfahrzeug (PKW), rechts: Miniaturplattform "LKW" für eine FPGA-basierte Echtzeitanwendung maschinellen Lernens (Bildquelle: [2]).

Das Kamerabild wird im ersten Schritt in Weltkoordinaten umgerechnet. Aufgrund der eingeschränkten Rechenleistung des ESP32 wurden mehrere Verfahren zur Bildtransformation implementiert und miteinander verglichen: Matrixmultiplikation mit Fließkommazahlen, Look-Up-Table (LUT) und Matrixmultiplikation mit Festkommazahlen. Die Matrixmultiplikation mit Fließkommazahlen ist das langsamste Verfahren mit 156 ms bzw. 140 ms pro Bild in einer verbesserten Variante, in der die Multiplikationen durch Additionen ersetzt werden.

Eine Implementierung als LUT benötigt 48 ms Rechenzeit pro Bild. Bei einer Framerate von 12,5 Bildern pro Sekunde verbleiben dann noch 32 ms pro Bild für Fahrspurerkennung und Regelung. Dieses Verfahren wird durch das Laden der LUT aus dem Flash limitiert ($320 \times 240$ Pixel Zielbildgröße), der aufgrund des limitierten Speichers des ESP32 genutzt werden muss.

Die Implementierung als Transformation durch Matrixmultiplikation mit Festkommazahlen erweist sich als schnellste Methode mit 16 ms pro Bild. Hierbei treten bei einer geringen Anzahl von Pixeln Rundungsfehler auf, die jedoch die nachfolgende Fahrspurerkennung nicht beeinträchtigen. In Tabelle 1 sind die Verfahren im Vergleich dargestellt.

**Tabelle 1.** Vergleich von Rechenzeiten für die Transformation des Bildes in Weltkoordinaten. Die Berechnung mit Festkommazahlen ist am schnellsten und wird im Folgenden verwendet.

| Algorithmus | Zeit |
|---|---|
| Matrixmultiplikation mit Fließkommazahlen | 156 ms |
| Matrixmultiplikation verbessert | 140 ms |
| LUT | 48 ms |
| Matrixmultiplikation mit Festkommazahlen | 16 ms |

Die Fahrbahnerkennung erfolgt über eine Suche entlang von Scanlinien im transformierten Bild. Abbildung 5 zeigt links die Ergebnisse der Fahrspur- und Hinderniserkennung im transformierten Bild.

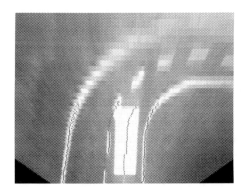 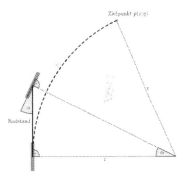

**Abb. 5.** Links: Fahrspur- und Hinderniserkennung. Rechts: Regelung mit pure pursuit (Bildquelle: [6]).

Die Fahrspurregelung erfolgt nach einem *pure-pursuit*-Tracking Algorithmus [8]. Abbildung 5 zeigt im rechten Bild das vereinfachte Einspurmodell. Der Zielpunkt wird im transformierten Bild anhand der erkannten Fahrbahn festgelegt. Der Lenkeinschlag entspricht dem Kurvenradius, der gefahren werden muss, um den Zielpunkt zu erreichen.

Die Geschwindigkeit des Fahrzeugs ist adaptiv an den Kurvenradius angepasst. Im Versuchsaufbau fährt das Fahrzeug mit einer Batterieladung ca. 9 Minuten auf einem 8-förmigen Kurs mit Hindernissen.

Eine WLAN-Verbindung zu einem Telemetrie-Laptop überträgt in Echtzeit Bild- und Algorithmusdaten. Damit lässt sich das System einfach parametrieren und testen. Die Telemetrie nutzt auf dem ESP32 einen eigenen Prozessorkern, auf dem zweiten Kern läuft die Bildtransformation, Fahrspurerkennung und Regelung.

## 2.2   Fahrzeugtyp Lkw

Die Rechenleistung auf dem Miniatur-Pkw ist zu beschränkt, um ausreichend schnell maschinelle Lernverfahren berechnen, d. h. anwenden zu können. Daher wird noch ein Miniatur-Lkw entwickelt und aufgebaut, der neben einer Kamera noch eine Inertial Measurement Unit (IMU) vom Typ MPU-9255, Distanzsensoren (Sharp GP2Y0E03) und ein FPGA-Board enthalten soll.

Der Aufbau ist in Abbildung 4 (rechts) dargestellt. Basis ist ein H0-Lkw-Chassis mit einem aufgesetzten Träger (3D-Druckteil). Der Träger soll eine Kamera (im Bild zu sehen), die Distanzsensoren, die IMU und die Berechnungs-hardware (siehe folgendes Kapitel) aufnehmen. Motor und Servo befinden sich darunter. Da der vorhandene Platz zumindest in der ersten Version voraussicht-lich nicht ausreichen wird, soll ggf. ein Anhänger an den Lkw gehängt werden. Für weitere Informationen siehe auch [2].

**Abb. 6.** Beispielansicht der Testumgebung im Miniatur Wunderland Hamburg ( [13], CC-BY 4.0).

Erste Tests und eine erste Datensammlung wurden im Miniatur Wunderland Hamburg [4] durchgeführt. In Abbildung 6 ist ein Beispielausschnitt der 1499 m²

**Abb. 7.** Vergleich der beiden Fahrzeugplattformen mit einem H0-Kleintransporter mit Anhänger (HAW-Hamburg/Britta Sowa).

großen Anlage zu sehen. Ein Größenvergleich der beiden Fahrzeugplattformen ist anhand von Abbildung 7 möglich.

## 3    FPGA-TPU

Zur optimierten Berechnung verschiedener maschineller Lernverfahren in leistungstechnisch beschränkten (z.B. mobilen) Echtzeitsystemen ist eine optimierte Hardware-Basis notwendig. Mikrocontroller sind zwar in der Regel sehr stromsparend verwendbar, bieten jedoch keine ausreichende Leistung in den für typische ML-Verfahren notwendigen parallelen/SIMD-Berechnungen [9]. Wesentlich mehr Rechenleistung bieten für die ML-Berechnung optimierte ASICs, wie die Tensor Processing Unit (TPU) von Google [10]. Diese kann jedoch insgesamt aus Gründen des Stromverbrauchs und des Platzbedarfs nicht in den Miniaturfahrzeugen verwendet werden. Ein besserer Kompromiss – sofern kein Lernen in dem Fahrzeug benötigt wird – bieten die für den Embedded-Einsatz optimierten ML-Beschleuniger-ASICs.

Anfang des Jahres 2019 hat Google eine Edge TPU (Tensor Processing Unit) für den embedded Einsatz auf den Markt gebracht. Der Prozessor ist in zwei Versionen verfügbar: Als USB-C Stick und als Aufsteckplatine auf einem Entwicklungsboard. Im Juli 2019 hat NVIDIA eine neue Version des Jetson Nano auf den Markt gebracht. Diese besteht aus einem Entwicklungsboard in der Größe eines Raspberry Pi zusammen mit einer GPU für ML-Inferenz-Anwendungen. Der Intel Movidius Myriad 2 Prozessor ist der kleinste Prozessor, der für den Einsatz von eingebetteten ML-Anwendungen verfügbar ist. Dieser ist auf einem Erweiterungsboard zum Raspberry Pi Zero verfügbar. Abbildung 8 zeigt die drei embedded ML-Lösungen im Größenvergleich. Die Geschwindigkeiten für Objekterkennungsbenchmarks verhalten sich entsprechend der Größe: Der Jetson Nano ist etwa um einen Faktor 10 schneller als der kleine Movidius Myriad 2 [11].

**Abb. 8.** Drei Plattformen für embedded Machine Learning im Größenvergleich: Links der NVIDIA Jetson nano, in der Mitte Googles Edge TPU, rechts der Intel Movidius Myriad 2 Prozessor auf einer Erweiterungsplatine auf einem Raspberry Pi Zero. (Foto: Pareigis)

Diese Lösungen wurden jedoch zur Durchführung allgemeiner ML-Berechnungen (und speziell der Inference/Recall-Phase) entworfen und bieten nur eingeschränkte Möglichkeiten zur Anpassung an den spezifischen Eigenschaften einer konkreten Anwendung.

Um die Möglichkeiten und das resultierende Optimierungspotenzial zu untersuchen, wurde ein FPGA-basiertes Design entwickelt, das ähnlich der Tensor Processing Unit (TPU) von Google arbeitet [12]. In dem ersten Test wurde die verbreitete ML-Anwendung MNIST verwendet, die dabei deutlich schneller auf dem FPGA als auf einem Intel i5-Prozessor berechnet werden konnte. Der nächste Schritt ist der Wechsel von der Handschrifterkennung auf eine Verkehrszeichenerkennung. Als FPGA-Board wurde zunächst ein kompaktes Serienentwicklungs-Board eingesetzt. Für den Miniatur-Lkw muss ein eigenes FPGA-Board entwickelt und aufgebaut werden.

## 4  Zusammenfassung und Ausblick

Es konnte gezeigt werden, dass Mechanik und Elektronik so weit miniaturisiert werden können, dass ein Miniaturauto automatisch der Fahrspur folgt und Hindernisse umfährt. Außerdem wurde ein FPGA-Design entwickelt, auf welchem eingebettete ML-Anwendungen implementiert werden können. Aktuell wird an einer Miniaturisierung des FPGA-Boards gearbeitet, so dass dieses auf einem Miniatur-LKW eingesetzt werden kann. Als ML-Anwendung soll zunächst eine Objekterkennung implementiert werden, die Verkehrszeichen erkennt. Ein weiterer Prototyp für ein Fahrzeug mit Objekterkennung ist mit dem Intel Movidius Myriad 2 Erweiterungsboard geplant. Die passende autonome RPi-Zero-basierte Fahrzeugplattform dafür ist etwas größer als der angestrebte Miniaturmaßstab und wurde in [14] bereits entwickelt. Die teilnehmenden Studierenden der HAW Hamburg am Carolo-Cup 2020 planen den Einsatz von eingebetteter ML-Hardware für den anstehenden Wettbewerb. Die hierfür zu entwickelnden Fahrzeuge haben einen Maßstab von 1:10, so dass auch der große NVIDIA Jetson Nano in Frage kommt.

Das in dieser Arbeit vorgestellte PKW-Miniaturfahrzeug bietet sich für Experimente mit Car2Car- und Car2X-Kommunikation an, etwa für Schwarm-Fragestellungen wie ampellose Kreuzungen, da auf dem ESP32 WLAN verfügbar ist. Die dafür benötigte Stückzahl von Miniaturfahrzeugen lassen sich mit geringem Aufwand herstellen.

Ein Szenario für ein selbstlernendes Fahrzeug wäre die Optimierung des Abstands des Zielpunkts beim pure-pursuit-Verfahren mit Reinforcement Learning. Der Abstand muss zur Zeit aufwändig von Hand eingestellt werden. Das zu optimierende Kriterium ist der integrierte Abstand des Fahrzeugs zur Ideallinie.

## Literaturverzeichnis

1. Zug, S., Steup, C., Scholle, J., Berger, C., Landsiedel, O., Schuldt, F., Rieken, J., Matthaei, R., and Form, T. (2014). *Technical evaluation of the carolo-cup 2014 - a competition for self-driving miniature cars.* In 2014 IEEE International Symposium on Robotic and Sensors Environments (ROSE) Proceedings, pages 100–105.
2. Tiedemann, T., Fuhrmann, J., Paulsen, S., Schnirpel, T., Schönherr, N., Buth, B., and Pareigis, S (2019). *Miniature Autonomy as One Important Testing Means in the Development of Machine Learning Methods for Autonomous Driving: How ML-Based Autonomous Driving Could Be Realized on a 1:87 Scale.* In Proceedings of the ICINCO 2019. SCITEPRESS. (accepted)
3. Koopman, P. (2018). *Practical experience report: Automotive safety practices vs. accepted principles.* In Gallina, B., Skavhaug, A., and Bitsch, F., editors, Computer Safety, Reliability, and Security, pages 3–11, Cham. Springer International Publishing.
4. Miniatur Wunderland (2019). [online] Available at: https://www.miniatur-wunderland.de/ (18.07.2019).
5. FALLER Car-System (2019). [online] Available at: www.car-system-digital.de (18.07.2019).

6. Schönherr, N. (2019). *Kamera-basierte Minimalautonomie*. Bachelor. Department Informatik, HAW Hamburg.
7. Carolo Cup (2019). [online] Available at: `https://wiki.ifr.ing.tu-bs.de/carolocup/` (18.07.2019).
8. Coulter, R. C. (1992). *Implementation of the Pure Pursuit Tracking Algorithm*. Robotics Institute, Carnegie Mellon University.
9. Schenck, W., Horst, M., Tiedemann, T., Gaulik, S., and Möller, R. (2017). *Comparing parallel hardware architectures for visually guided robot navigation*. Concurrency and Computation: Practice and Experience, 29(4):e3833. e3833 cpe.3833.
10. Jouppi, N. P. et. al. (2017). *In-datacenter performance analysis of a tensor processing unit*. In 2017 ACM/IEEE 44th Annual International Symposium on Computer Architecture (ISCA), pages 1–12.
11. Allan, A. (2019). Benchmarking Edge Computing: Comparing Google, Intel, and NVIDIA accelerator hardware. [online] Available at: `https://medium.com/@aallan/benchmarking-edge-computing-ce3f13942245` (18.07.2019).
12. Fuhrmann, J. (2018). *Implementierung einer Tensor Processing Unit mit dem Fokus auf Embedded Systems und das Internet of Things*. Bachelor. Department Informatik, HAW Hamburg.
13. Tiedemann, T. (2019). *Part of the Miniatur Wunderland Hamburg*. figshare. CC-BY 4.0. doi: `https://doi.org/10.6084/m9.figshare.8231198`.
14. Hoffmann, A. (2019). Visuelle Navigation für ein Autonomes System mit minimalen Hardwareanforderungen. Bachelor. Department Informatik, HAW Hamburg.

# Ein autonomes System zur Erfassung von WLAN-Probe-Requests

Miriam Alina Scholz, Robert Baumgartl und Dirk Müller

Fakultät Informatik/Mathematik
Hochschule für Technik und Wirtschaft Dresden
Friedrich-List-Platz 1, 01069 Dresden
{robert.baumgartl|muellerd}@informatik.htw-dresden.de

**Zusammenfassung.** Viele Autofahrer führen heutzutage ein mobiles Endgerät mit eingeschaltetem WLAN mit sich. Diese senden dann auch während der Fahrt Datenpakete mit ihrer MAC-Adresse, sogenannte *Probe Requests*. Primär dient dies einem schnelleren Verbindungsaufbau. Die durch die MAC-Adresse gegebene Zuordenbarkeit ermöglicht nun jedoch auch das Erstellen von Bewegungsprofilen und -analysen. Der Ansatz ist recht mächtig, ein Missbrauch unter Aushebelung des Datenschutzes durchaus denkbar und auch technisch möglich. Die Abschnittsüberwachung, jedoch mit optischer Kennzeichenerkennung, ist zumindest in Deutschland juristisch stark umstritten [1]. Allerdings sind ebenso völlig unbedenkliche Gruppenauswertungen beispielsweise zur Stau- oder Tempoverstoß-Analyse realisierbar.
In diesem Artikel wird gezeigt, wie ein einzelner Knoten zur Erfassung von WLAN-Probe-Requests durch eine geeignete Auswahl und Kombination von Hard- und Software energieautonom arbeiten kann. Experimente deuten an, dass eine Langzeitbeobachtung über Wochen und sogar Monate realisierbar ist.

## 1 Einführung

Moderne mobile Endgeräte wie Smartphones, Tablets oder Laptops verfügen (u. a.) über eine WLAN-Schnittstelle. Die Verbindungsaufnahme zu stationären oder mobilen Access Points erfolgt in der Regel automatisch. Um den Verbindungsaufbau zu beschleunigen, versenden Endgeräte in bestimmten zeitlichen Abständen Datenpakete, die so genannten *Probe Requests*, die u. a. die MAC-Adresse des Gerätes enthalten.

Prinzipbedingt ist es für jedes innerhalb der Reichweite des Mobilgeräts lokalisierte Empfangsgerät möglich, Probe Requests aufzuzeichnen, zu speichern und auszuwerten. Genutzt wird diese Technik u. a. zur Analyse von Kundenströmen in Einkaufszentren [6] und zur Schätzung von Besucherzahlen bei Großveranstaltungen [7]. Des Weiteren wurde gezeigt, dass man Probe Requests zur Geschwindigkeitsmessung von Fahrzeugen einsetzen kann, indem man an (mindestens) zwei verschiedenen Messpunkten entlang einer Straße mit zeitlich synchronisierten Empfängern Probe Requests aufzeichnet, und aus der Zeitdifferenz von

© Springer Fachmedien Wiesbaden GmbH, ein Teil von Springer Nature 2019
H. Unger (Hrsg.), *Echtzeit 2019*, Informatik aktuell,
https://doi.org/10.1007/978-3-658-27808-3_3

Requests mit identischer MAC-Adresse und (bekannter) Entfernung zwischen den Messpunkten die Geschwindigkeit errechnet [2].

Nicht verhehlt werden darf, dass durch die eindeutige Zuordnung MAC-Adresse ↔ Mobilgerät eine immer wiederkehrende Identifikation desselben bzw. bei Kenntnis des Eigentümers auch ein Tracking von Personen oder Fahrzeugen potentiell möglich ist und dies bereits aktiv getan wird [8].

Das hier beschriebene System soll zur Analyse von Verkehrsströmen eingesetzt werden, beispielsweise zur Stauerkennung oder zur Überwachung von Tempolimits. Es kann sowohl im ländlichen Raum, z. B. entlang von Autobahnen, als auch im urbanen Raum eingesetzt werden. Dazu sind in Abständen Empfangssysteme am Straßenrand so zu positionieren, dass diese ihre jeweiligen Nachbarn per WiFi erreichen (Abb. 1).

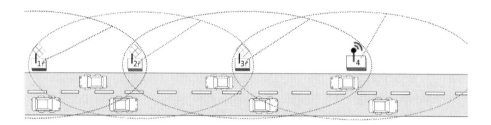

**Abb. 1.** Positionierung der Empfangsgeräte am Straßenrand

Da mit einem solchen System einzelne Kraftfahrzeuge unterschieden werden können, sind damit weitaus tiefere Analysen als mit *Google Maps* und verwandten Diensten möglich. Beispielsweise besteht die Möglichkeit, Fahrgewohnheiten zu untersuchen, genutzte Routen im Stadtverkehr oder typische Fahrgeschwindigkeiten zu erfassen. Nicht zuletzt sind das automatisierte Anlegen von entsprechenden Statistiken denkbar.

Bereits gezeigt wurde, dass anstelle der ursprünglich eingesetzten Notebook-Rechner einfache und preisgünstige Rechnerplattformen, wie der Raspberry Pi zum Aufzeichnen der Probe Requests ausreichen [3]. Ein bislang ungelöstes Problem stellte der dauerhafte Betrieb dieser Systeme dar, der aus Aufwands- und Kostengründen ohne zentrale Energieversorgung erfolgen soll. Wir zeigen in diesem Papier, dass dies mit geringem technischen Aufwand und vertretbaren Einschränkungen beim Betrieb ohne Weiteres möglich ist.

Im folgenden gehen wir auf wesentliche Entwurfsentscheidungen bei der Auswahl der Hardware (Abschnitt 2) und der Implementierung bzw. Konfiguration der Software (Abschnitt 3) ein. Des Weiteren präsentieren wir in Abschnitt 4 relevante Messergebnisse, die während der 14-tägigen Testphase des Systems gewonnen werden. Das Papier schließt mit einer kurzen Zusammenfassung sowie einem Ausblick auf zukünftige Arbeiten.

# 2   Systemaufbau

## 2.1   Auswahl des Prozessors

Für den angestrebten Anwendungsfall spielt die Rechenleistung eine untergeordnete Rolle. Ausschlaggebend für die Auswahl der Rechenplattform ist ein minimaler Energiebedarf, der die Dimensionierung der Photovoltaik-Panels und des Stützakkus direkt beeinflusst. Aus Gründen guter Verfügbarkeit, reichhaltiger Softwareunterstützung und kleiner Bauform wurden als Kandidaten der Raspberry Pi Zero W (mit einem ARMv6-Core) und die Prozessoren ESP32 und ESP8266 des chinesischen Herstellers Espressif betrachtet.

Um den Energiebedarf genauer quantifizieren zu können, wurde die Stromaufnahme in den Szenarien „Prozessor im Leerlauf", „Prozessor im Leerlauf, WLAN-Schnittstelle aktiviert", „Prozessor unter Last, WLAN-Schnittstelle aktiviert" mit Hilfe eines USB-Multimeters ermittelt. Die Betriebsspannung betrug in jedem Fall $U = 5\,\mathrm{V}$. Die Last bildet ein einzelner Prozess, der kontinuierlich Multiplikationsoperationen ausführt.

Abbildung 2 fasst die Ergebnisse der Messungen zusammen. Es ist deutlich ersichtlich, dass der ESP8266 in allen Szenarien die geringste Strom- und damit auch Leistungsaufnahme aufweist. Er wurde daher als Implementierungsplattform ausgewählt.

## 2.2   Abschätzung des Energiebedarfs

Um die Stromaufnahme des Systems abzuschätzen, wurde ein Testprogramm entwickelt, das der späteren Funktionalität verhältnismäßig nahe kommt. Dabei verbindet sich der Prozessor zu einem WiFi-Access-Point und ruft in einer

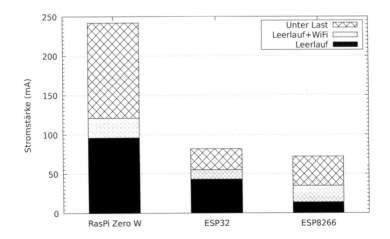

**Abb. 2.** Energiebedarf der betrachteten Prozessoren

Endlosschleife per HTTP eine Webseite ab. Dabei wurde eine Stromstärke von $\approx 75\,\text{mA}$ bei einer Betriebsspannung von $5\,\text{V}$ gemessen.

Des Weiteren ist es möglich, den ESP8266 in einen Tiefschlafzustand zu versetzen, während dem mit dem verfügbaren Instrumentarium keine Stromaufnahme nachweisbar war, die daher sicher unter $1\,\text{mA}$ liegt.

Bei kontinuierlichem Betrieb benötigt das Modul somit innerhalb von 24 Stunden

$$W = U \cdot I \cdot t = 5\,\text{V} \cdot 0,075\,\text{A} \cdot 24\,\text{h} = 9\,\text{Wh}$$

Dieser Wert lässt sich durch abwechselnde Arbeits- und Tiefschlafphasen identischer Länge um 50% vermindern. Zusätzlich soll zwischen 22.00 Uhr und 7.00 Uhr in der Nacht eine lange Tiefschlafphase erfolgen, da während dieser Zeit Staus unwahrscheinlich sind. Somit reduziert sich die effektive Arbeitszeit des Systems auf $7{,}5\,\text{h}$ pro Tag und damit der ungefähre Energiebedarf auf $0{,}375\,\text{W} \cdot 7{,}5\,\text{h} \approx 2{,}8\,\text{Wh}$ innerhalb von 24 Stunden. Dieser Wert muss jedoch noch um Leistungsverluste durch Transformation, Bedarf für weitere Komponenten und einen gewissen „Sicherheitsabstand" korrigiert werden.

### 2.3    Integration der Komponenten

Für das Gesamtsystem sind die folgenden Komponenten notwendig:

- ESP8266-Modul *Wemos D1 mini Pro* mit externem Antennenanschluss,
- 4 Solarmodule $5{,}5\,\text{V}$, $2{,}5\,\text{W}$ des Herstellers Seeed Studio,
- Lithium-Polymer-Akku, Nennspannung $3{,}7\,\text{V}$, Kapazität $3000\,\text{mAh}$,
- Laderegler TP4056 mit Eingangsspannung $4{,}0\,\text{V}$ bis $8{,}0\,\text{V}$ inklusive Schutzschaltkreis DW01A gegen Über- und Tiefenentladung und
- Ladezustandsüberwachung Typ *SparkFun LiPo Fuel Gauge* auf Basis des MAX17043.

Es wurde ein LiPo-Akku gewählt, da dieser keinen Memory-Effekt aufweist, eine relativ konstante Entladespannung besitzt und gut verfügbar ist. Kritisch für den Außeneinsatz ist die Betriebstemperatur für den Ladevorgang von $0\,°\text{C}$ bis $45\,°\text{C}$. Der Laderegler ist speziell für die Belange von LiPo-Akkus mit einer Nennspannung von $3{,}7\,\text{V}$ ausgelegt.

Auf einen extra Spannungskonverter konnte verzichtet werden, da das genutzte Prozessormodul einen integrierten Wandler besitzt, der Eingangsspannungen von $2\,\text{V}$ bis $10\,\text{V}$ toleriert. Der externe Antennenanschluss des Prozessormoduls erwies sich als unnötig, da die integrierte Leiterbahnantenne eine ausreichende Empfindlichkeit für den Empfang von WLAN-Probe-Requests zeigte. Die Ladezustandsüberwachung erlaubt es, mittels $\text{I}^2\text{C}$-Bus die aktuelle Spannung des Akkus auszulesen und dessen Restkapazität zu ermitteln.

Abbildung 3 illustriert die Verschaltung aller Komponenten.

**Mechanischer Aufbau**  Das System ist für den ganzjährigen Außeneinsatz konzipiert. Die Elektronikkomponenten müssen somit vor Witterungseinflüssen

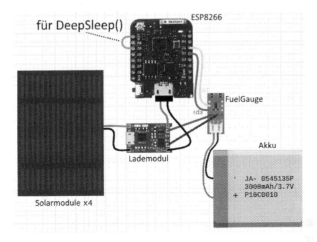

**Abb. 3.** Verschaltung der Systemkomponenten

geschützt werden. Des Weiteren ist es notwendig, die Ausrichtung der Solarpaneele in 2 Achsen variieren zu können und trotzdem sicher zu fixieren. Der voluminöse Standfuß wird im Betrieb durch eine Gehwegplatte beschwert und sichert damit die Aufstellung auch bei höheren Windgeschwindigkeiten. Abbildung 4 zeigt den finalen Entwurf der Konstruktion.

## 3  Softwarestruktur

### 3.1  ESP8266

Für das Empfangsgerät wurde zu Testzwecken eine vereinfachte Software entwickelt, die eine Grundfunktionalität realisiert. Diese umfasst:

- Verbindungsaufbau zu einem (stationären) WiFi-Access-Point,
- Etablierung der lokalen Zeitbasis per NTP,
- Erfassen und Zwischenspeichern von WiFi-Probe-Requests,
- Übertragung der gesammelten Requests zu einem Server mit fester Zieladresse,
- Realisierung eines regelmäßigen Zyklus von Wach- und Schlafphasen inklusive einer langen (nächtlichen) Schlafphase und
- Erfassen und Übertragen des Ladezustandes.

Die Kommunikation zwischen benachbarten Empfangsgeräten, die Auswertung der generierten Zeitstempel sowie die Meldung an eine zentrale Instanz sind späteren Ausbaustufen des Projekts vorbehalten.

### 3.2  Server

Der Server auf der Basis von Linux nimmt die gesendeten Daten entgegen, legt diese in einer Datenbank ab und bietet verschiedene webbasierte Oberflächen zum

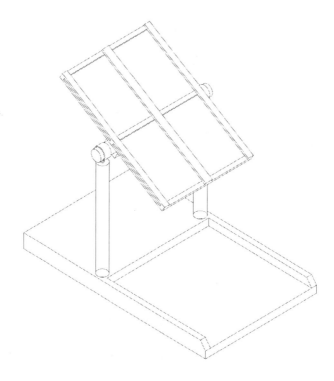

**Abb. 4.** Finaler Entwurf des Gehäuses

Zugriff auf die Datenbank. Die folgenden Anzeige- bzw. Analysemöglichkeiten bestehen:

- alle empfangenen MAC-Adressen und deren Häufigkeit,
- einzelne empfangene MAC-Adressen und deren Empfangszeitpunkte,
- zeitlicher Verlauf des Ladezustands,
- Korrelation von Ladezustand und Wetterdaten (Globalstrahlung, Sonnen-scheindauer) und
- Aktivitätsintervalle des Systems.

Die Wetterdaten werden durch den Deutschen Wetterdienst im 10-Minuten-Intervall durch einzelne Wetterstationen generiert und sind online per FTP verfügbar. Für die Arbeit wurde die Station 01048 Dresden-Klotzsche ausgewählt.

Als Beispiel ist in Abbildung 5 die Oberfläche für die Anzeige von Ladezustand, Globalstrahlung und direkter Sonnenscheindauer dargestellt.

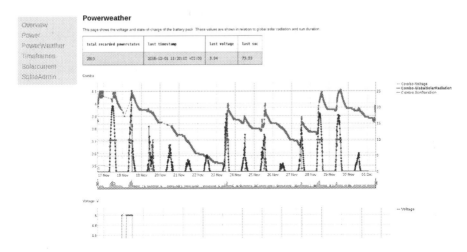

**Abb. 5.** Grafische Darstellung von Ladezustand und Wetterdaten

# 4   Ergebnisse

## 4.1   Funktionsweise der Ladereglers

Die Arbeitsweise des genutzten Ladereglers ist komplex, jedoch nur oberflächlich dokumentiert [5, S. 1] :

> The MAX17043/MAX17044 use a sophisticated Li+ battery-modeling scheme, called ModelGauge™ to track the battery´s relative state-of-charge (SOC) continuously over a widely varying charge/discharge profile.

Abbildung 6 zeigt einen typischen Verlauf des Ladezustands des Akkus beim kontinuierlichen Laden über USB.

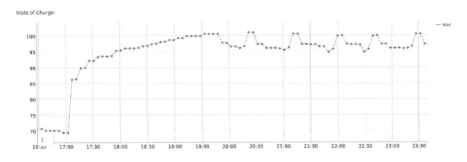

**Abb. 6.** Verlauf des Ladezustands beim kontinuierlichen Laden

Ausgehend von einem verhältnismäßig niedrigen Ladezustand von ca. 70% wird über einen Zeitraum von etwa drei Stunden eine vollständige Ladung des Akkus erreicht. Danach schaltet der Laderegler den Ladevorgang ab, das System wird durch den Akku betrieben, der Akku verliert somit an Leistung und sobald ca. 5% der Gesamtkapazität verbraucht sind, wird der Akku erneut vollständig geladen. Dies erfolgt mit einer Periode von ungefähr einer Stunde. Die Funktionsfähigkeit des Ladereglers ist damit erwiesen.

## 4.2   Kontinuierlicher Betrieb

Der Prototyp wurde zu Testzwecken über einen Zeitraum von 14 Tagen (vom 17.11. – 02.12.2018) kontinuierlich betrieben. Die Aufstellung erfolgte auf einem Balkon in Richtung SSW, das System selbst wurde genau nach Süden ausgerichtet und hatte einen Anstellwinkel von 40° (Abb. 7).

**Abb. 7.** Der Prototyp des Empfangsgeräts im Testbetrieb

Das Arbeitsregime folgte dem in Abschnitt 2.2 zugrunde gelegten Szenario: einer aktiven Phase von 5 Minuten folgt jeweils eine Tiefschlafphase gleicher Länge. Von 22.00 Uhr bis 7.00 Uhr schlief das Modul durchgängig. Abbildung 8 zeigt den Verlauf der Akkuspannung, der Globalstrahlung sowie der direkten Sonnenscheindauer über den gesamten Testzeitraum.

Es ist gut zu erkennen, wie der Ladezustand des Systems an den Tagen ohne direkten Sonnenschein (19. – 23.11.) kontinuierlich abnimmt, und ein einzelner Tag mit viel Sonnenschein (23. bzw. 25.11.) auch nicht ausreicht, um das Ausgangsniveau wieder zu erreichen. Immerhin wurde die Kapazität des Akkus niemals vollständig ausgeschöpft.

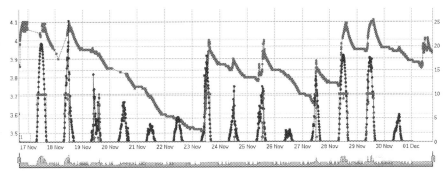

**Abb. 8.** Spannungsverlauf über den Versuchszeitraum

# 5  Zusammenfassung und Ausblick

## 5.1  Zusammenfassung

Zunächst wurden die Prozessoren Raspberry Pi Zero W, Espressif ESP32 und ESP8266 hinsichtlich ihres Energiebedarfs verglichen. Danach wurde basierend auf der sparsamsten Plattform, dem ESP8266, vier Photovoltaik-Panels sowie einem LiPo-Akku mit 3 Ah Kapazität, eine sorgfältig dimensionierte Lösung erarbeitet, deren Energiebedarf so gering ist, dass nach einmaligem Aufladen des Akkus selbst unter ungünstigen meteorologischen Bedingungen im Monat November unterbrechungsfreier autonomer Betrieb gewährleistet war. Voraussetzung hierfür sind tagsüber Schlaf- und Wachzyklen im Verhältnis 1:1 sowie eine längere Schlafphase des Prozessors während der Nachtstunden.

Insgesamt kann eingeschätzt werden, dass das System einen guten Kompromiss aus Größe der Solarpaneele, Akkukapazität (und somit Kosten) und Betriebssicherheit bei schlechten Lichtverhältnissen bietet. Der zweiwöchige Testbetrieb im November/Dezember unter ungünstigen Lichtverhältnissen verlief ohne Ausfälle. Die Entscheidungen zur Dimensionierung der Komponenten sowie die Erkenntnisse während des Testbetriebs können leicht auf ähnliche Systeme übertragen werden.

## 5.2  Ausblick

Nachdem der Nachweis der prinzipiellen Funktionsfähigkeit der Lösung erbracht wurde, sind weitere Experimente notwendig: Es muss ein Regime gefunden werden, so dass auch in der Nacht ab und zu Probe Requests aufgezeichnet werden können. Des Weiteren ist zu analysieren, ob die verhältnismäßig geringe Verarbeitungs- und Speicherkapazität des Prozessors für den regulären Betrieb als Beobachtungsknoten ausreicht.

Einer der nächsten Schritte besteht aus Entwurf und Realisierung eines leichtgewichtigen Kommunikationsprotokolls zur Weiterleitung empfangener Daten zwischen benachbarten Empfangsstationen. Zu diesem Zweck ist der Bau mehrerer Stationen geplant. Dabei soll ebenfalls untersucht werden, ob mit Hilfe externer Antennen bzw. des neu definierten Standards WiFi HaLow (801.11ah, [9]) die Abstände zwischen den Stationen vergrößert werden können.

Zu guter Letzt wird ein Mechanismus benötigt, die aggregierten Verkehrsdaten eines bestimmten Streckenabschnittes an eine zentrale Instanz weiterzuleiten. Hier bietet sich möglicherweise das LoRaWAN-Protokoll an, dessen Eignung in einem weiteren Teilprojekt untersucht werden soll.

## Literaturverzeichnis

1. ANDREAS WILKENS: *Section Control: Streckenradar darf vorerst wieder betrieben werden*, heise online, 5.7.2019, https://www.heise.de/newsticker/meldung/Section-Control-Streckenradar-kann-wieder-in-Betrieb-gehen-4463719.html (abgerufen am 17.7.2019)
2. P. FUXJAEGER, S. RUEHRUP, T. PAULIN AND B. RAINER: *Towards Privacy-Preserving Wi-Fi Monitoring for Road Traffic Analysis*, IEEE Intelligent Transportation Systems Magazine, Vol. 8, Nr. 3, 2016
3. ROBERT BAUMGARTL, DIRK MÜLLER: *Raspberry Pi as an Inexpensive Platform for Real-Time Traffic Jam Analysis on the Road*, Proceedings of the 2018 Federated Conference on Computer Science and Information Systems (FedCSIS), Poznań, 2018
4. ALINA SCHOLZ: *Autonome Energieversorgung für Plattformen zum automatischen Erfassen von Wifi-Probe-Requests*, Diplomarbeit, HTW Dresden, Dezember 2018
5. MAXIM INTEGRATED: *MAX17043/MAX17044*, Datasheet No. 19-4811; 2017 https://datasheets.maximintegrated.com/en/ds/MAX17043-MAX17044.pdf (abgerufen am 14.7.2019)
6. GLENN WILKINSON: *Snoopy: A distributed tracking and profiling framework*, 2012 https://sensepost.com/blog/2012/snoopy-a-distributed-tracking -and-profiling-framework/ (abgerufen am 16.7.2019)
7. BRAM BONNÉ, ARNO BARZAN, PETER QUAX, WIM LAMOTTE: *WiFiPi: Involuntary Tracking of Visitors at Mass Events*, Proceedings of the 14th IEEE International Symposium on „A World of Wireless, Mobile and Multimedia Networks" (WoWMoM), 2013
8. SWATI KHANDELWAL: *Spying agencies tracking your location by capturing MAC address of your devices*, Januar 2014, https://thehackernews.com/2014/01/spying-agencies-tracking-your-location_31.html (abgerufen am 16.7.2019)
9. WEIPING SUN, MUNHWAN CHOI, SUNGHYUN CHOI: *IEEE 802.11ah: A Long Range 802.11 WLAN at Sub 1 GHz*, In: Journal of ICT Standardization, Vol. 1, 2013, S. 83–108

# Test und Fehlersuche
# in komplexen Autonomen Systemen[*]

Thomas Preusser[1], Albert Schulz[1], Alexander Weiss[1], Martin Heininger[2],
Martin Leucker[3], Malte Schmitz[3], Torben Scheffel[3] und Daniel Thoma[3]

[1] Accemic Technologies GmbH
Franz-Huber-Str. 39, 83088 Kiefersfelden
{tpreusser,aschulz,aweiss}@accemic.com
[2] HEICON Global Engineering GmbH
Kreuzweg 22, 88477 Schwendi
martin.heininger@heicon-ulm.de
[3] Institut für Softwaretechnik und Programmiersprachen
Universität zu Lübeck
Ratzeburger Allee 160, 23562 Lübeck
{leucker,schmitz,scheffel,thoma}@isp.uni-luebeck.de

**Zusammenfassung.** In diesem Papier wird ein neuartiger Ansatz für
Test und Fehlersuche in komplexen Autonomen Systemen vorgestellt.
Basis der Lösung ist die Analyse von Trace-Daten, die von dem Zielsystem über eine dedizierte, häufig schon vorhandene Prozessoreinheit zur
Verfügung gestellt werden. Im Vergleich mit dem aktuellen Stand der
Technik wird der Ansatz eingeordnet und die besonderen Vorzüge hinsichtlich der Nicht-Intrusivität und der unbegrenzten Überwachungslaufzeit
herausgestellt.
Nach einem kurzen Einblick in die Funktionsweise des Systems folgen zwei
Anwendungsbeispiele, die Code-Coverage-Messung und die dynamische
Analyse, mit welchen der praktische Nutzen des Systems verdeutlicht
und ein Einblick in die Handhabung der neuen Methode geliefert wird.
Die Möglichkeiten des Systems reichen von einfachen Zeitmessungen,
über Wirkkettenmessungen (WCRT Abschätzung), bis hin zu komplexen
funktionalen Tests. Wesentlicher Bestandteil für die dynamische Analyse
stellt dabei die Verifikationssprache TeSSLa dar, welche dem Leser anhand
von kurzen, prägnanten Beispielen näher gebracht wird. Abschließend
werden Anforderungen an das zu beobachtende System gegeben, um den
Einsatz des vorgestellten Werkzeugs zu ermöglichen.

## 1 Allgemeine Einführung

Autonome Systeme profitieren außerordentlich von immer leistungsfähigeren
Prozessoren bzw. werden durch diese erst möglich. Die Komplexität der Systeme
steigt, der Umfang der Software nimmt zu, und es werden immer mehr auch
sicherheitskritische Anwendungsgebiete erschlossen.

Da die relative Fehlerwahrscheinlichkeit von Software mit ihrer Komplexität
[1] sowie auch mit der Verwendung nichtdeterministischer Strukturen in Form

[*] This work was funded in part by the EU H2020 project 732016 *COEMS* and by the
BMBF project *ARAMiS II* with funding ID 01 IS 16025.

von Multi-Core-Prozessoren steigt, sind Entwickler und Anwender mit einer zunehmenden Zahl von Fehlern, die ungünstigerweise auch noch im Release-Code verbleiben können, konfrontiert.

Die Bandbreite dieser Fehler reicht von Fehlern in der Anforderungsspezifikation, trivialen Implementierungsfehlern bis hin zu komplexen nicht-deterministischen Fehlerbildern. Aufgrund fehlender oder zu stark vereinfachter Modelle stößt auch die statische Analyse an ihre Grenzen, so dass die dynamische Analyse autonomer Systeme zunehmend an Bedeutung gewinnt.

Die Standards für die Entwicklung von sicherheitskritischen Systemen [2–7] definieren konkrete Anforderungen an den Testprozess, die anzuwendenden Test-techniken und den Nachweis der Vollständigkeit dieser Tests (strukturelle Über-deckung). Die Normen orientieren sich an dem V-Modell und unterscheiden verschiedene Testebenen (Modultest, Integrationstest, Systemtest). Die Weiter-entwicklung der Normen lässt erkennen, dass zunehmend gefordert wird, Tests konsequent gegen die Anforderungsspezifikation (*requirements-based tests*) durch-zuführen[1]. Dieser Nachweis kann im Wesentlichen nur mit **T**est **H**öherer **E**benen (THEs) vollzogen werden.

Als Grundlage für Zertifizierungen von Software und software-gesteuerten eingebetteten Systemen, speziell im sicherheitskritischen Bereich, muss die voll-ständige strukturelle Überdeckung des Quellcodes durch Tests nachgewiesen werden. Je nach Kritikalität der Anwendung ist der Nachweis zu erbringen, dass während der Tests alle Instruktionen (Statement Coverage, C0), alle Sprünge (Branch Coverage, C1) oder alle relevanten Bedingungskombinationen (wie bei-spielsweise die modifizierte Bedingungs-/Entscheidungsüberdeckung, MC/DC) verwendet wurden. Dabei lassen es die Normen weitgehend offen, auf welcher Testebene die Messung der strukturellen Überdeckung erfolgen soll.

Gerade in autonomen Systemen werden diese Tests immer wichtiger, um das Zusammenspiel komplexer Komponenten – die oftmals von verschiedenen Herstellern kommen und nicht im Source-Code vorliegen – verifizieren zu können. Die für die höheren Testebenen erforderliche dynamische Analyse verspricht folgende Vorteile:

— Strukturelle Tests auf höheren Testebenen,
— Erkennung von Zeitschrankenverletzungen und
— Effiziente Analyse von Fehlverhalten im Feld.

Bisher werden dynamische Analysen nicht umfassend eingesetzt, da komplexe Systeme nur mittels Software-Instrumentierung oder mittels Offline-Analyse von Trace-Daten beobachtbar sind. Damit lässt sich praktikabel keine umfassende funktionale Testabdeckung erreichen, welche aber durch die stetig wachsende Anzahl von – insbesondere sporadischen – Fehlerbildern notwendig ist.

---

[1] "DO-178C was intentionally strengthened over its predecessor DO-178B to ensure acceptable requirements via 178C's mandate to trace structural coverage analysis to requirements-based tests (RBT)." [8]

## 2   Stand der Technik

Bei der *Software-Instrumentierung* protokolliert hinzugefügter Code die Ausfüh-rung des Programms während eines Testlaufs oder während der Fehlersuche. Die Erweiterung des Programmcodes erfolgt dabei automatisiert unter der Verwen-dung klassischer Werkzeuge wie VectorCast [9], Tessy [10] oder gcov [11]. Dieses Verfahren hat den Nachteil, dass der instrumentierte Programmcode zusätzli-chen Speicherplatz sowie zusätzliche Rechenzeit benötigt, was sich besonders bei höheren Testebenen (Integrations- und Systemtest) und nichtdeterminis-tischen Systemen nachteilig auswirkt. Weichen hier bei der Beobachtung des Zusammenspiels von Software- und Hardwarekomponenten Ausführungszeiten und Speicherlayout von der finalen Lösung ab, sind die gewonnenen Ergebnisse nur bedingt verwertbar. Zudem kommt bei sicherheitskritischen Systemen die Einschränkung hinzu, dass bereits zertifizierter Code nicht ohne weiteres modifi-ziert werden darf. Dies führt zu einem erheblichen Mehraufwand, speziell bei der Fehlersuche im Feld.

Für Modultests ist die software-basierte Instrumentierung ein geeignetes Ver-fahren, da hier Ausführungszeit und Speicherbedarf nur eine untergeordnete Rolle spielen. Anders ist die Situation bei THEs, in denen auch das Zusammenspiel von Software- und Hardwarekomponenten überprüft wird. Weichen hier Ausfüh-rungszeiten und Speicherlayout von der finalen Lösung ab, können Aussagekraft und Verwertbarkeit der gewonnenen Ergebnisse eingeschränkt sein.

Eine andere technische Möglichkeit zur Messung der strukturellen Überde-ckung besteht in der Auswertung von Trace-Daten, mit denen der verwendete Prozessor Informationen über den abgearbeiteten Programmfluss liefert [12]. Die-se Informationen werden mittels einer im Prozessor integrierten Hardware-Einheit ausgegeben, ohne dass der Programmablauf beeinflusst wird. Die sehr breitban-digen Trace-Daten (einige Gbit/s) werden in einem Speicher abgelegt. Nach dem Ende des Testlaufs wird auf einem PC der Programmfluss rekonstruiert und die strukturelle Überdeckung ermittelt. Die notwendige Zwischenspeicherung und die dadurch begrenzte Aufzeichnungsdauer begründet die Limitierung dieses Verfah-rens: selbst bei einer Speichergröße von mehreren GByte sind nur einige Sekunden des Programmablaufs rekonstruierbar. Somit ist auch die *Offline-Trace-Analyse* für dynamische Tests auf höheren Ebenen und die Fehlersuche in komplexen autonomen Systemen für viele Anwendungsfälle eher ungeeignet.

## 3   Online-Trace-Analyse

Das Arsenal an Werkzeugen zur dynamischen Analyse komplexer Systeme wur-de nun um ein weiteres Tool erweitert, indem der beschriebene Ansatz der Offline-Trace-Analyse zu einer echtzeitfähigen Lösung ohne Zwischenspeicherung weiterentwickelt [13–17, 26] wurde. Dieses System ist erstmals in der Lage, die eingehenden Trace-Daten kontinuierlich zu verarbeiten und den Kontrollfluss in Echtzeit zu rekonstruieren. Dafür werden die von den Trace-Einheiten des Prozessors ausgegebenen Trace-Daten in einem FPGA online verarbeitet.

**Tabelle 1.** Architekturspezifische Inhalte von Trace-Nachrichten

| Beobachtungsziel | Nachricht | Architektur | | |
|---|---|---|---|---|
| | | x86 [18] (Intel PT) | ARM [19][2] | NXP QorIQ PPC [20, 21] |
| Kontrollfluss | Synchronisierungsnachricht (Aktuelle Instruktionsadresse) | FUP | I-Sync-Message | Indirect Branch History Message |
| | ausgeführter direkter Sprung, nicht ausgeführter direkter oder indirekter Sprung | TNT | Atom-Message | |
| | Ausgeführter indirekter Sprung, Exception | TIP | Ibranch-Message | |
| Daten | Daten-Zugriff | n.a. | n.a.[3] | Data Trace Message |
| | Hardwareunterstützte Instrumentierung | PTWrite | ITM, STM[4] | Data Acquisition Message |
| Betriebssystem | Anzeige eines Taskwechsels (abhängig von OS-Unterstützung) | PIP | Ownership-Message | Ownership Trace Message |
| Peripherie-einheiten | anwenderspezifische Trace-Nachrichten (umfassende Beobachtung komplexer Peripherieeinheiten | n.a. | zum Teil STM | Bus Trace, DDR Trace, Data Path Trace |

Obwohl es je nach Prozessor-Architektur Unterschiede im Trace-Protokoll gibt, werden im Wesentlichen identische Informationen übertragen:

Die Trace-Daten werden via einer seriellen Hochgeschwindigkeitsschnittstelle mit einer Bandbreite von einigen Gbps ausgegeben. Es werden entweder dedizierte Schnittstellen (basierend auf dem Aurora-Protokoll [22]) oder Systemschnittstellen (PCIe, USB) verwendet, wobei letztere durch die Nutzung prozessor-interner Ressourcen zu einer Beeinflussung des Programmlaufs führen kann. Zudem wird bei älteren oder einfacheren Prozessoren noch eine parallele Trace-Schnittstelle verwendet, die aber viele I/O-Pins benötigt sowie störanfällig ist, da eine Sicherungsschicht für die Bitübertragung oftmals nicht implementiert ist. Eine Übersicht über die Inhalte von Trace-Nachrichten bei verschiedenen Architekturen ist in Tabelle 1 gegeben.

Die technische Herausforderung besteht nun darin, den Trace-Datenstrom vorzuverarbeiten und den Kontrollfluss der CPU(s) zu rekonstruieren. Hier kommt verkomplizierend hinzu, dass der Adressversatz ausgeführter direkter Sprünge nicht Bestandteil der Trace-Nachrichten ist, sondern dass nur die Information übertragen wird, ob ein direkter Sprung ausgeführt wurde oder nicht. Mittels vorberechneten, in einem externen Speicher hinterlegten Lookup-Tabellen kann

---

[2] Hier wird Bezug auf die PFT Einheiten von ARM CoreSight genommen. Die konkreten Bezeichnungen können bei ETM abweichen.

[3] Im Gegensatz zu PFT unterstützt ETM auch Datentrace. Allerdings ist die Verfügbarkeit der Datentrace-Module bei aktuellen Prozessoren eingeschränkt.

[4] ITM, STM sind separate Einheiten, die von mehreren CPUs geteilt werden.

durch massive Parallelisierung der Trace-Verarbeitung und der Speicherzugriffe auch der Kontrollfluss für CPUs berechnet werden, die schneller als 1 GHz getaktet sind. Das Verfahren ist sowohl für Bare-Metal- als auch für Multitasking-Betriebssysteme anwendbar.

Die zugrunde liegende Hardware besteht aus einem komplexen FPGA (Xilinx Virtex-7 bzw. Xilinx Zynq Ultrascale+) mit mehreren RLDRAM3-Speicher-Bänken [23]. Dieser Speichertyp stellt einen Kompromiss zwischen SRAM (kein Overhead bei wahlfreiem Zugriff, geringe Speicherkapazität, teuer) und DDR4 SDRAM (großer Overhead bei wahlfreiem Zugriff, hohe Speicherkapazität, günstiger Preis) dar.

## 4    Anwendungsgebiet: Code Coverage

Ein Anwendungsgebiet der kontinuierlichen Rekonstruktion des Kontrollflusses ist die Messung der strukturellen Testabdeckung (Code Coverage) bei der Durchführung von THEs. Üblicherweise erfolgt diese auf der Ebene der Modultests. Dazu wird der zu untersuchende Programmcode instrumentiert und ein funktionaler sowie ein struktureller Test durchgeführt. Danach wird die Instrumentierung entfernt und der funktionale Test erneut durchgeführt, um sicherzustellen, dass die Entfernung der Instrumentierung zu keiner Änderung der Funktionalität geführt hat. Für Modultests ist diese Vorgehensweise erprobt und zuverlässig, allerdings müssen bei Verwendung der Instrumentierung auf höheren Testebenen (Integrationstest, Modultest) einige Einschränkungen berücksichtigt werden. Diese resultieren aus dem veränderten Verhalten der zu testenden Anwendung – der durch die Instrumentierung eingebrachte Code benötigt zusätzlichen Speicherplatz und Rechenzeit. In optimierten eingebetteten Systemen steht dieser zusätzliche Speicherplatz nicht immer zur Verfügung, zudem kommt es zu einer Änderung des Laufzeitverhaltens. Sollen nun Laufzeiteigenschaften getestet werden, so wird diese Untersuchung durch die Instrumentierung und damit die Aussagekraft des Tests beeinflusst.

Die Messung der strukturellen Abdeckung auf Object-Code-Ebene liefert andere Information als bei einer Messung auf Quellcode-Ebene und wird ausführlich in [24] diskutiert. Durch Auswertung der vom Compiler generierten Debug-Informationen kann die gemessene Object-Code-Coverage auf die von vielen Tools unterstützte Source-Code-Coverage gemappt werden.

Bei der üblichen Verwendung von Compiler-Optimierungen unterstützen die Debug-Informationen (DWARF, ELF) dieses Mapping oftmals nur unzureichend – Aktivitäten für eine Verbesserung in diesem Bereich sind bereits gestartet.

Wesentliche Vorteile von strukturellen THEs sind:

– Die Messung der strukturellen Überdeckung während der Ausführung von THEs stellt eine mathematisch exakte Methode dar, um an dieser Stelle Fehler und Unvollständigkeiten zu erkennen. Die Methode leistet damit einen wichtigen Beitrag zur Verbesserung der Softwarequalität.

– Der Aufwand für die Entwicklung struktureller Tests auf Modultestebene kann deutlich reduziert werden, wenn hier die mittels struktureller THE bereits erzielte Testabdeckung berücksichtigt wird.

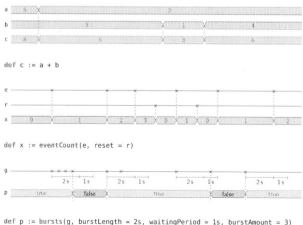

**Abb. 1.** Ein Beispiel für verschiedene TeSSLa-Spezifikationen.

# 5   Anwendungsgebiet: Dynamische Analyse

Bei der kontinuierlichen Rekonstruktion des Kontrollflusses ist es möglich, bestimmte Instruktionsadressen zu markieren. Bei der Ausführung dieser Instruktionen werden Elemente in einen Ereignisstrom eingefügt, welcher dann im FPGA auf bestimmte Eigenschaften untersucht werden kann. Diese Ereignisverarbeitungseinheiten sind hochsprachlich [25] konfigurierbar und können eine Vielzahl von temporalen Eigenschaften parallelisiert überwachen. Dabei ist im FPGA nur eine Parametrisierung der Ereignisverarbeitungseinheiten erforderlich, eine aufwändige anwendungsspezifische Synthese von Logikstrukturen ist nicht nötig. Somit kann eine Änderung der hochsprachlichen Eigenschafts-Beschreibung binnen Sekunden auf einen Trace-Datenstrom angewandt werden.

Die von uns genutzte Sprache zur Beschreibung der vorher genannten temporalen Eigenschaften ist die Temporal Stream-based Specification Language (TeSSLa, [25]). TeSSLa beschreibt Eigenschaften in Form von Variablen und Gleichungssystemen, denen eine Menge von Eingabeströmen gegeben wird und die durch Stromtransformationen eine Menge von Zwischenströmen und, am Ende, Ausgabeströmen erzeugt. Ein Strom ist hierbei eine Folge von Events, die jeweils aus Wert und Zeitstempel bestehen. Hierbei können Eingabeströme aus beliebigen Quellen stammen, wie aus einer Datei eingelesen werden, aber auch dynamisch an Funktionen oder Variablen in Programmen gekoppelt werden, so dass diese immer ein Event enthalten, wenn z.B. die Funktion aufgerufen oder die Variable belegt wird.

Ein Beispiel für TeSSLa-Spezifikationen findet sich in Abbildung 1. Die erste Spezifikation zeigt das Aufaddieren von zwei Strömen und das Erzeugen eines neuen Stroms mit dem Ergebnis. Das zweite Beispiel zeigt das Zählen von Events mittels der eventCount Funktion. Die dritte zeigt die Spezifikation eines kom-

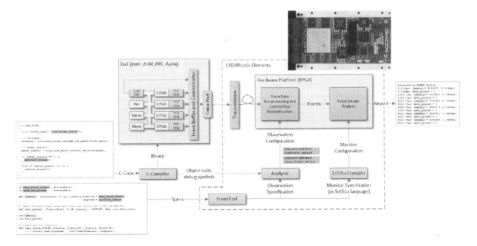

**Abb. 2.** System zur kontinuierlichen dynamischen Analyse autonomer Systeme

plexen Burst-Patterns. Dank des starken Makro-Systems hinter TeSSLa können solch komplexe Spezifikationen durch die Verwendung bestehender Operationen leicht realisiert werden. Zu Grunde liegen dem sechs Operatoren, zu denen unter anderem **time**$(x)$ gehört, welcher einen Strom mit den Zeitstempeln jedes Events des Eingabestroms zurückgibt und **last**$(x, y)$, welcher, immer wenn ein Event auf dem Strom $y$ auftritt, ein Event mit dem Wert des letztens Events des Stroms $x$ zurückgibt und daher das Zugreifen auf vergangene Werte ermöglicht.

Das in Abbildung 2 angegebene, stark vereinfachte Beispiel zeigt die Messung der Latenz eines Bremssystems. Die Funktion run_task() wird periodisch auf dem DuT (Device under Test) ausgeführt. Der Task liest bei jeder Ausführung den Winkel des Bremspedals – über die Funktion read_break_sensor() – ab und kontrolliert anhand dessen die Bremsen des Fahrzeugs. In dem vereinfachten Beispiel geschieht dies, in dem bei einer starken Bremsung die Funktion activate_breaks() aufgerufen wird. Wird die Bremse gelöst, geschieht das wiederum durch die Funktion release_breaks().

Die Ausführung des Tasks kann auf dem Zielsystem – insbesondere auf Multi-Kern-Systemen – unterschiedlich viel Zeit benötigen, und mitunter durch andere Tasks, Interrupts, Zugriffe auf gemeinsame Ressourcen wie Speicher, oder andere Einflüsse unterbrochen werden. Häufig steht für solche End-zu-End Reaktionszeiten aber nur ein begrenztes Zeitbudget zur Verfügung, insbesondere in sicherheitskritischen Abläufen.

Mit CEDAR lässt sich nun das Einhalten dieses Zeitbudgets sicherstellen. Die TeSSLa-Spezifikation in Abbildung 3 ermittelt die Latenz vom Lesen des Sensors bis zum Aktivieren der Bremsen. Zudem wird eine Grenze von 5 Millisekunden festgelegt, die beim Überschreiten einen fehlgeschlagenen Test signalisiert.

Als Eingänge fungieren die Aufrufe der Funktionen read_sensor() und activate_breaks(), welche über die Benennung der Eingangsströme entsprechend definiert werden. Neben Funktionsaufrufen können auch beliebige Stellen im

```
1  in read_sensor : Events[Unit]
2  in activate_breaks : Events[Unit]
3
4  def latency : Events[Int] := time(activate_breaks) - last(time(read_sensor), activate_breaks)
5
6  # Check if event chain took less than 5ms (3 333.333 cycles on ARM A9)
7  def test_passed : Events[Bool] := (latency < 3333333)
8
9  out latency
10 out test_passed
```

**Abb. 3.** TeSSLa-Spezifikation für vereinfachtes Beispiel eines Bremssystems

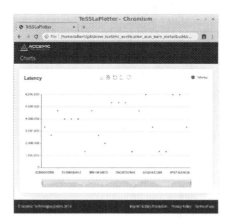

**Abb. 4.** Graphische Ausgabe der Messwerte

Quellcode, Task-Wechsel oder Datenzugriffe als Eingänge für die Spezifikation verwendet werden. Das Schreiben der Spezifikation an sich wird durch eine umfassende Bibliothek vereinfacht, die gängige Muster durch Funktionen bereits implementiert und bereitstellt.

Ohne Modifikation der Applikation kann nun über einen beliebig langen Zeitraum bestimmt werden, ob die Reaktionszeit innerhalb einer vorgegebenen Schranke geblieben ist.

Die Ausgabe der Daten erfolgt neben einer Textausgabe auch in graphischer Form mit verschiedenen Diagrammen, wodurch Normabweichungen des Verhaltens in der Anwendung einfach erfassbar werden (siehe Abb. 4).

Durch die Beobachtung auf Object-Code-Ebene ergibt sich der Vorteil der Unabhängigkeit von Compiler und Programmiersprache, lediglich beim Mapping von hochsprachlichen Elementen (z.B. Funktionsaufruf, Exceptions, Speicherzugriffe) auf die Object-Code-Ebene bzw. umgekehrt (Object-Code-Coverage auf Source-Code-Coverage) werden die vom Compiler ausgegebenen Debug-Informationen (z.B. DWARF, IEEE-595) verwendet.

Dieses Analyseverfahren kann sowohl bei Integrationstests, bei Systemtests als auch bei der Fehlersuche im Feld eingesetzt werden. Im Falle eines Fehlers können umfangreiche Logdaten analysiert werden, um dessen Ursache zu lokalisieren. Diese Daten beinhalten unter anderem eine Historie der zurückliegenden Events, die für die Spezifikation verwendet wurden, Betriebssystem-Events (z.B.

Taskwechsel, Interrupts, usw.) und auch den Programmfluss vor dem Auftreten des Fehlers.

Weit über das gezeigte Beispiel hinaus lässt sich CEDAR nun für umfangreiche Timing-Analysen verwenden. In realen Systemen bestehen Wirkketten meist aus mehreren zehn bis hundert Gliedern. CEDAR bietet die Möglichkeit, für solche Wirkketten eine Abschätzung der WCRT (Worst Case Response Time) zu liefern, welche durch ausgiebige Tests des Systems fundiert wird. Auch eine Abschätzung der WCET (Worst Case Execution Time) von Funktionen ist mit dem CEDAR System ermittelbar, in dem die Funktionslaufzeiten ohne jegliche Unterbrechungen durch Interrupts o. ä. gemessen werden. Neben den Timing-Analysen können auch Kennzahlen der strukturellen Abdeckung der Software gemessen werden. Sowohl Code-Coverage als auch Data-Coverage Statistiken können genutzt werden, um die Qualität der Tests beurteilen zu können. Dabei ermöglicht der nicht-intrusive Ansatz von CEDAR nicht nur den Einsatz auf Unit-Test Ebene, sondern erlaubt auch die Messung in Tests auf System-Ebene, welche vorher durch andere Lösungen nur mit erheblicher Veränderung des Laufzeitverhaltens der zu beobachtenden Anwendung denkbar gewesen wäre.

Ein verantwortungsvolle Projektplanung wird – schon im Hinblick auf die die sicher zu erwartenden Post-Release-Defects – Vorkehrungen beinhalten, um eine umfassende Beobachtbarkeit zu gewährleisten. Dies bedeutet:

- Die Trace-Schnittstelle muss verfügbar sein. Für Intel-Prozessoren sollte der entsprechende USB-Port verfügbar sein, für andere Architekturen muss im Hardwaredesign der Zugang zu den entsprechenden Trace-Schnittstellen (meist Aurora oder parallel) berücksichtigt werden. Kurzsichtige Kosteneinsparungen an dieser Stelle können den Projekterfolg gefährden.
- Die Initialisierung der Trace-Schnittstelle muss sichergestellt sein. Entweder geschieht dies während der Startup-Routine (fest implementiert oder im BIOS einstellbar) oder durch mögliche externe Zugriff auf die entsprechenden Control-Register (z.B. via JTAG). Bei beiden Varianten sind die Auswirkungen auf die Safety- und/oder Security-Architektur zu berücksichtigen.
- Da viele Prozessor-Architekturen nur über einen eingeschränkten Datentrace verfügen, sollten zukünftige Anforderungen an die Beobachtbarkeit (speziell auch für die Fehlersuche im Feld) analysiert werden. Daraus resultiert dann z.B. die Verwendung hardwareunterstützter Instrumentierung (PTWrite, STM, Data Acquisition Messages) oder das Mappen relevanter Variablen in Speicherbereiche, die durch den Datentrace beobachtet werden können.

Das im Vortrag vorgestellte dynamische Analyseverfahrens übernimmt die Beobachtung und kontinuierliche Überwachung von komplexen autonomen Systemen auf der Basis der kontinuierlichen Auswertung von Prozessor-Trace-Daten.

Die kontinuierliche Beobachtung garantiert die Erkennung auch selten auftretender Fehlfunktionen in Langzeittests oder im Feld. Sie ermöglicht damit die Durchführung effektiver Tests, eine frühzeitige Fehleridentifizierung und eine zielgerichtete Fehlerbehebung. Damit wird die Qualität, die Zuverlässigkeit und die Ausfallsicherheit autonomer Systeme erhöht sowie das Risiko und die Schwere von Post-Release-Defekten reduziert.

# Literaturverzeichnis

1. C. Jones und O. Bonsignour, The Economics of Software Quality. Addison-Wesley, 2011.
2. 'ISO 26262:2018. Road vehicles – Functional safety'. International Organization for Standardization Std., 2018.
3. 'ED-12C - Software Considerations in Airborne Systems and Equipment Certification'. EUROCAE, 2011.
4. 'ISO 25119:2010 Tractors and machinery for agriculture and forestry – Safety related parts of control systems'. 2010.
5. 'IEC 61508:2010 Functional safety of electrical/ electronic/programmable electronic safety-related systems'. International Electrotechnical Commission, 2010.
6. 'DIN EN 50657:2017 Bahnanwendungen – Anwendungen für Schienenfahrzeuge – Software auf Schienenfahrzeugen'. 2017.
7. 'EN 50128:2011 Railway applications – Communication, signalling and processing systems – Software for railway control and protection systems'. European Commitee for Electrotechnical Standardization, 2011.
8. V. Hilderman, 'DO-178C Best Practices For Engineers & Managers'. AFusion / Jama Software.
9. VectorCAST embedded software testing platform. Vector Informatik GmbH.
10. TESSY - Test System. Razorcat Development GmbH.
11. gcov test coverage program. gnu.org.
12. ARM IHI 0035B – CoreSightTM Program Flow Trace TM PFTv1.0 and PFTv1.1 Architecture Specification. ARM Limited, 2011.
13. B. Dreyer, C. Hochberger, S. Wegener, und A. Weiss, "Precise Continuous Non-Intrusive Measurement-Based Execution Time Estimation", in 15th International Workshop on Worst-Case Execution Time Analysis (WCET 2015), Dagstuhl, Germany, 2015, Bd. 47, S. 45–54.
14. A. Weiss und A. Lange, "Trace-Data Processing and Profiling Device", US 9286186B2, 15-März-2016.
15. A. Weiss und A. Lange, "Trace-Data Processing and Profiling Device", EP2873983A1, 20-Mai-2015.
16. B. Dreyer, C. Hochberger, A. Lange, S. Wegener, und A. Weiss, "Continuous Non-Intrusive Hybrid WCET Estimation Using Waypoint Graphs", in 16th International Workshop on Worst-Case Execution Time Analysis (WCET 2016), Dagstuhl, Germany, 2016, Bd. 55, S. 1–11.
17. N. Decker u. a., "Online Analysis of Debug Trace Data for Embedded Systems", gehalten auf der Design, Automation and Test in Europe, Conference and Exhibition (DATE 2018), Dresden, Germany, 2018.
18. Intel®64 and IA-32 Architectures Software Developer's Manual. Intel Corporation, 2016.
19. CoreSightTM Architecture Specification v2.0 ARM IHI 0029B. ARM Limited, 2013.
20. IEEE-ISTO, 'The Nexus 5001 Forum - Standard for a Global Embedded Processor Debug Interface', IEEE-ISTO 5001TM-2012, Jun. 2012.
21. e500mc Core Reference Manual. Freescale Semiconductor, Inc., 2012.
22. Aurora Protocol Specification. Xilinx Inc., 2007.
23. '1.125Gb: x18, x36 RLDRAM 3'. Micron Technology, Inc., 2016.
24. 'Position Paper CAST-17: Structural Coverage of Object Code'. FAA Certification Authorities Software Team (CAST), Jun-2003.
25. L. Convent, S. Hungerecker, M. Leucker, T. Scheffel, M. Schmitz, und D. Thoma, "TeSSLa: Temporal Stream-Based Specification Language", in Formal Methods: Foundations and Applications, Cham, 2018, S. 144–162.
26. T. Scheffel u. a., "Rapidly Adjustable Non-Intrusive Online Monitoring for Multicore Systems", gehalten auf der Brazilian Symposium on Formal Methods (SBMF), 2017.

# Aufbau einer Mixed-Reality-Versuchsumgebung zur Absicherung autonomer Systeme

Georg Seifert, Thomas Hempen und Werner Huber

CARISSMA
Technische Hochschule Ingolstadt, 85049 Ingolstadt
Georg.Seifert|Thomas.Hempen@carissma.eu, Werner.Huber@thi.de

**Zusammenfassung.** Bei der Zulassung von zukünftigen autonomen Fahrzeugen spielt der Test der verschiedenen Komponenten und deren Zusammenspiel eine entscheidende Rolle. Hierfür müssen sowohl klassische Steuergeräte, aber auch erfassende Sensorik mit eingebunden werden. Um diese zu stimulieren, werden sowohl simulative als auch reale Umwelteinflüsse für die einzelnen Komponenten bereitgestellt, um die Eigenschaften der Systeme zu evaluieren. Eine Lösung hierfür können zukünftig so genannte Mixed-Reality Versuchsumgebungen darstellen. In derartigen Umgebungen müssen verschiedene Komponenten so miteinander vernetzt werden, dass sie unter Echtzeitbedingungen Daten austauschen. Um dies zu garantieren, müssen die in der Infrastruktur verwendeten Bibliotheken ein deterministisches Zeitverhalten aufweisen. In dem vorliegenden Papier werden verschiedene derartige Bibliotheken miteinander verglichen und deren Vor- und Nachteile für eine Mixed-Reality Versuchsumgebung diskutiert.

## 1 Einleitung

Bei dem Betrieb von autonomen Systemen, wie beispielsweise zukünftigen Fahrzeugen, steigt mit dem Grade der Automatisierung sowohl die Funktionalität der Steuergeräte als auch die Anzahl der zu vernetzenden Sensoren und Aktoren. Dieses vernetzte Gesamtsystem muss in der Lage sein, deterministisch eine Entscheidung basierend auf Vorwissen, aktuellem Zustand und Umgebungsinformationen zu treffen.

Um sicherzustellen, dass sich die geforderten Funktionalitäten der einzelnen Komponenten korrekt verhalten, werden diese mithilfe von XiL-Tests (Modell-, Software-, Hardware-, Vehicle-in-the-Loop) überprüft. Schritt für Schritt werden die einzelnen Module zu einem Gesamtsystem integriert und in den jeweiligen Integrationsstufen getestet. Am Ende der Entwicklung lassen sich trotz intensiver Labortests Erprobungen auf der Straße nicht vermeiden. Kalra und Paddok beziffern in ihrer Veröffentlichung [3] den Aufwand für den Test von autonomen Fahrzeugen hunderte Millionen, wenn nicht sogar hunderte Milliarden von Meilen auf der Straße statistisch gefahren werden müssen, um einen großen Teil der komplexen Szenarien abzudecken.

© Springer Fachmedien Wiesbaden GmbH, ein Teil von Springer Nature 2019
H. Unger (Hrsg.), *Echtzeit 2019*, Informatik aktuell,
https://doi.org/10.1007/978-3-658-27808-3_5

Dies ist aus wirtschaftlichen und zeitlichen Gründen nicht durchführbar. Auch angesichts der weiter steigenden Anzahl von fahrzeugseitiger Sensorik für die Umweltwahrnehmung wird der Bedarf zur Integration von Umweltkomponenten in den Labortests immer wichtiger. Es wird erwartet, dass so frühzeitig auf die Eigenschaften der Sensorsysteme eingegangen und die Anzahl der tatsächlich zu testenden Fahrkilometer drastisch reduziert werden kann. Dies wird aktuell schon mit Kamera-HiL Systemen realisiert [5], welche jedoch nur für eine individuelle Simulation ausgelegt sind. Ein wesentlicher Nachteil ist jedoch, dass die verschiedenen marktüblichen Simulatoren ihre Schwerpunkte bei der Simulation auf unterschiedliche Nutzungsanforderungen legen und dadurch mehrere Testaufbauten mit individuellen Simulationssystemen nötig sind. Zudem ist neben dem reinen simulationsbasierten Ansatz auch die Integration von Probanden eine wünschenswerte Anforderung, um simulationsgestützte Untersuchungen zu validieren oder neue Modelle zu generieren.

## 2   Zielsetzung

Hier setzt der Ansatz der verteilten Mixed-Reality Versuchsumgebung an. Ziel ist es, den Grad von Real- zu Simulationsanteil (vgl. Abb. 1) nahezu beliebig anpassen und mischen zu können. Dabei werden die klassischen Ansätze der XiL-Test-Aufbauten dadurch erweitert, dass Realanteile für spezifische Situationen in die Simulation eingespielt werden, ohne den grundsätzlichen Testaufbau austauschen zu müssen. Zudem soll durch eine standardisierte Schnittstelle sichergestellt werden, dass die Anbindung oder der Austausch der einzelnen Komponenten, wie beispielsweise die Simulation oder lediglich ein Sensormodell, ohne Änderung des gesamten Testaufbaus realisiert werden kann.

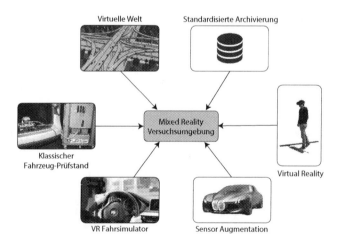

**Abb. 1.** Zielsetzung einer verteilten „Mixed Reality" Versuchsumgebung

Durch den Ansatz eines verteilten Systems lassen sich zudem die einzelnen zu untersuchenden Komponenten räumlich verteilt positionieren. Stellt man sich ein kritisches Verkehrsszenario vor, wäre es so möglich Fahrzeug, Situationsimulation und gefährdeten Fußgänger an drei unterschiedlichen Orten in der gleichen Szene simulativ miteinander zu „mischen". Gerade in Grenzsituationen kann so eine Gefährdung realer Probanden oder Fahrzeuge vermieden werden. In einem potenziellen Fehlerfall oder einer hochriskanten Fahrsituation kann somit verhindert werden, dass Personen oder weitere Systeme zu Schaden kommen. Es ist jedoch erforderlich, dass alle beteiligten Entitäten über gemeinsame Schnittstellen in Echtzeit miteinander interagieren.

## 3   Problembeschreibung

Die oben genannten Anforderungen verlangen die Beachtung einiger im nachfolgenden aufgeführten Randbedingungen für die Realisierung einer Mixed Reality Architektur.

1. Die Bereitstellung einer ausreichend detaillierten, aber dennoch handhabbaren Datenmenge für jeden beteiligten Teilnehmer: Hierbei ist es ratsam, sich auf eine mikroskopische Betrachtung von vornehmlich einzelnen geschlossenen Verkehrssituationen, wie zum Beispiel urbane Kreuzungsszenarien oder Einparksituationen im Parkhaus, zu beschränken. So kann jeder einzelne reale oder virtuelle Verkehrsteilnehmer[1] mit hoher Realitätsnähe abgebildet werden.

2. Definition einer deterministischen und echtzeitfähigen Verteilungsschicht: Um im gesamten System auf Ereignisse der anderen Teilnehmer reagieren zu können, ist die Verteilung des aktuellen Zustands des Szenarios an jeden Teilnehmer in Echtzeit notwendig. Hierbei muss der Latenz bestehend aus der zeitlichen Datenübertragung und den kommunikationsinfrastrukturellen Gegebenheiten des Labors, den jeweilig eingesetzten Simulationsumgebungen sowie den menschlichen und technischen Teilnehmern (Motion/Simulation Sickness von Probanden aber auch Echtzeitanforderungen der Steuergeräte) Rechnung getragen werden. Grundsätzlich geht man von Round-Trip Zeiten kleiner 10 ms aus, um Daten mit mindestens doppelter Abtastrate versenden zu können als bei den üblichen 50 Hz der meisten Simulationsumgebungen.

3. Infrastrukturelle Randbedingungen: Angesichts vielschichtiger potenzieller infrastruktureller Gegebenheiten, beschränkten wir uns auf den spezifischen Aufbau einer Mixed Reality Umgebung am Beispiel der Technischen Hochschule Ingolstadt. Die Versuchsumgebung besteht aus einzelnen Laboren, die über den Campus verteilt sind. Dies bedeutet, dass verschiedene Netzwerksegmente und die damit zugrunde liegenden Sicherheitsbedenken dritter Parteien betrachtet werden müssen. Darüber hinaus besteht die Anforderung einer drahtlosen Anbindung von Versuchsfahrzeugen und die Interaktion mit Probanden im Sinne eines Motion Capturing.

---

[1] Fahrzeuge, Fußgänger, Radfahrer, usw.

# 4   Umsetzung und Implementierung

Diese Gesamtarchitektur muss in der Lage sein, die vielen oben genannten Un-
wägbarkeiten (Echtzeit, Netzwerk, Funkschnittstellen, uvm.) gestaltbar machen
zu können.

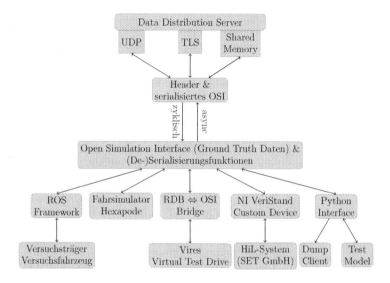

**Abb. 2.** Schematischer Aufbau der verteilten Mixed Reality Versuchsumgebung

Für die Umsetzung wird deshalb eine einfache Systemarchitektur (vgl. Abb. 2)
entworfen, welche als zentrale Vermittlungsschicht einen Data Distribution Server
(DDS) bereitstellt. Dieser übernimmt die Entgegennahme, die Zusammenführung
und die Verteilung der Informationen der einzelnen Teilnehmer und bietet verschiedene Schnittstellen, über die die geforderten Randbedingungen zwar individuell
behandelt werden, jedoch den gleichen Inhalt austauschen. Als Standardschnitt-
stelle wird UDP/IP verwendet, da es sich hier um ein verbindungsloses Protokoll
handelt und durch den Austausch von Datagrammen keine großen Verzögerungen
verursacht werden. Dies garantiert in sicheren Umgebungen, wie eigens eingerichteten Test-Netzwerken, einen deterministischen Austausch von Nachrichten
zwischen den einzelnen Teilnehmern. Die physikalische Abschottung erlaubt den
bewussten Verzicht von Sicherheit im Sinne der Cyber-Security[2]. Müssen hingegen Daten über ungeschützte Netzwerke ausgetauscht oder Sicherheitsrichtlinien
eingehalten werden, so bietet der DDS die Möglichkeit, diese über eine TLS-
gesicherte Verbindung zu übertragen. Dabei ist jedoch zu berücksichtigen, dass
es sich um ein verbindungsorientiertes Protokoll handelt, in dem unerwartete
Verzögerungen auftreten können. Neben den beiden IP-basierten Schnittstellen

---

[2] Hier wird Schutz gegen externe Angreifer und bösartige Manipulation von Daten
verstanden.

wird noch eine lokale Schnittstelle vorgesehen, bei der direkt über Shared Memory die Daten ausgetauscht werden. Netzwerk-basierter Jitter und eventuelle Sicherheitsbedenken bei Standalone-Systemen können so ausgeschlossen werden.

Als standardisiertes Austauschformat zwischen dem DDS und den einzelnen Teilnehmern wird das Open Simulation Interface (OSI) [2] gewählt. OSI definiert aktuell einen de-facto Standard zum Datenaustausch zwischen verschiedenen Frameworks. Er wurde von mehreren Automobilherstellern und Lieferanten im Rahmen des deutschen Forschungsprojekts PEGASUS[3] [4] initial veröffentlicht und wird seither weiterentwickelt. OSI ist mithilfe der Schnittstellenbeschreibungssprache (IDL) Protocol Buffers (protobuf) [6] implementiert, wodurch eine einfache Anbindung an verschiedene Programmiersprachen möglich ist. Zudem ist der Austausch zwischen verschiedenen Implementierungen und Betriebssystemen durch standardisierte Serialisierungsfunktionen zugesichert. Durch die Serialisierung der Daten zu einem Binärstrom entstehen variable Paketgrößen, welche mithilfe eines statischen Headers kompensiert werden müssen. Dieser enthält die Größe des aktuellen OSI-Pakets und einige Zusatzinformationen zur Vorsortierung.

### 4.1   Evaluierung unterschiedlicher Implementierungen

Durch die Wahl von OSI als gemeinsames Austauschformat und der damit zugrunde liegenden IDL protobuf muss bei der Wahl der Implementierung sichergestellt werden, dass weiche Echtzeitbedingungen eingehalten werden. Zudem ist eine Implementierung wünschenswert, die möglichst wenig Abhängigkeiten zu Drittbibliotheken enthält, um den Code auf möglichst vielen Controllern wiederverwenden zu können.

**Allgemeine Vorauswahl der Bibliotheken:** Es wurde eine Vorauswahl folgender Implementierungen getroffen: Die von Google [6] nativ bereitgestellten Implementierungen in Python und C++, sowie die in C implementierte und für eingebettete Systeme und Mikrocontroller optimierte Bibliothek nanopb [1].

Diese Implementierungen haben eigene Vor- und Nachteile, die den verschiedene Einsatzzwecken geschuldet sind. Die Python Implementierung ist vor allem für die Realisierung prototypischer Testfunktionen für das System gedacht. Zudem ist sie geeignet für Module wie die Archivierung von Tests, bei denen der zeitliche Determinismus nicht im Vordergrund steht. Eine große Rolle spielen die einfache Anbindung an Datenbanken oder ähnliches und die Unterstützung durch eine breite Community mit vielen Dritt-Modulen. Zudem wird sie von Google nativ unterstützt und ein Support für die nächsten Jahre ist damit mit hoher Wahrscheinlichkeit gesichert.

Da eine skriptbasierte Sprache für den Hauptserver nicht als erstrebenswert erscheint, werden der DDS und weitere Hauptkomponenten in einer kompilier-

---

[3] **P**rojekt zur **E**tablierung von **g**enerell **a**kzeptierten Gütekriterien, Werkzeugen und Methoden sowie **S**zenarien **u**nd **S**ituationen zur Freigabe hochautomatisierter Fahrfunktionen

baren Sprache erstellt. Hier bietet Google für protobuf eine Implementierung in C++ an. Diese setzt neben den Standardbibliotheken der Standard Template Library (STL) nur die pthread-Bibliothek voraus und lässt sich dadurch auf modernen Betriebssystemen wie Windows und Linux einfach generieren. Durch den Einsatz der STL wird das Speichermanagement der internen Strukturen komplett über diese Bibliothek abgebildet und der Nutzer muss sich um keine Allokationen/Deallokationen kümmern.

Neben der C++ Implementierung bietet die externe Bibliothek nanopb eine Implementierung in C an, die für eingebettete Systeme entwickelt wurde. Diese hat im Gegenzug zu der C++ Implementierung den Vorteil, dass es keine Systembibliotheken voraussetzt. Dabei setzt nanopb intern keine Allokationen und Deallokationen voraus und kann auf vorher definierten statischen Speicherbereichen operieren. Die „repeated"-Felder[4] von protobuf werden mithilfe von benutzerdefinierten Rückruffunktion implementiert, bei denen der Nutzer die Speicherverwaltung frei gestalten kann. Auch hier ist voraussichtlich mit einer kontinuierlichen Weiterentwicklung zu rechnen, da seit Beginn des Projektes vor über acht Jahren regelmäßige Releases erschienen und durchschnittlich über 100 Beiträge pro Jahr in dem öffentlichen Git-Repository zu beobachten waren.

**Performance Analyse der Bibliotheken:** Um einen Vergleich über die Performance der einzelnen Bibliotheken in Verbindung mit den für OSI benötigten Strukturen bereitzustellen, werden Messungen durchgeführt, die unterschiedliche Anzahl an „Moving Objects" in die Strukturen einträgt. Die „Moving Objects" stellen in OSI alle beweglichen Teilnehmer – Fahrzeuge, Fußgänger, Radfahrer, etc. – im Straßenverkehr dar. Dieser Typ von Objekt stellt daher eines der am häufigsten codierten Objekte dar und wird hier als Untersuchungsobjekt gewählt.

**Tabelle 1.** Hardware- und Software-Messaufbau

| Komponente | Ausstattung |
|---|---|
| Prozessor | 4x Intel(R) Core(TM) i5-3210M CPU @ 2.50GHz |
| Speicher | 8082 MB |
| Betriebssystem | Debian GNU/Linux 9.9 |
| Kernel | Linux 4.9.0-9-amd64 (x86_64) |

Für die Abschätzung der Performance-Parameter wurden Messungen initiiert, die auf einem Linux-basierten System (vgl. Tabelle 1) durchgeführt wurden. Um eine möglichst störungsfreie Ausführung zu garantieren, wurde einer der Prozessorkerne aus dem allgemeinen Scheduling des Systems entfernt, wodurch nur durch den Nutzer definierte Programme auf diesen Kern ausgelagert werden.

Um einen allgemeinen Überblicke über die Implementierungen und damit zugrundeliegenden Laufzeiten der Strukturen zu bekommen, wird das Befüllen

---

[4] Felder, die eine beliebige Anzahl an Elementen des Types enthalten könne und mit dynamische Arrays vergleichbar sind.

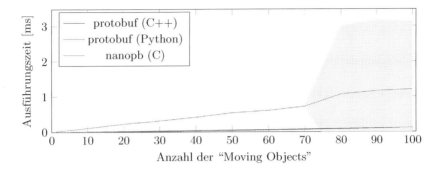

**Abb. 3.** Befüllen der Strukturen bei unterschiedlicher Implementierungen

der Strukturen vorgenommen und vermessen. Hierzu werden die nötigen Parameter[5] der einzelnen „Moving Objects" mithilfe von Zufallswerten[6] in den jeweilig realistischen Wertebereich befüllt und für eine unterschiedliche Anzahl von Objekten wiederholt.

Die Ausführungszeit für die drei zugrunde liegenden Bibliotheken sind in Abb. 3 aufgetragen. Hierbei wurde für eine unterschiedliche Anzahl an „Moving Objects" von je $10^6$ Messungen vorgenommen, um eine statistische Aussagekraft zu garantieren. In Abb. 3 sind neben der mittleren Ausführungszeit (Linie) auch die Varianz (Schraffur) zum Mittelwert dargestellt. Dabei ist ersichtlich, dass bei einer kleinen und mittleren Anzahl von Objekten kaum eine Streuung vorhanden ist. Nur bei der Python-Implementierung ist bei mehr als 70 Objekten mit einer enormen Streuung zu rechnen. Zudem muss unter Python generell mit einer größeren Ausführungszeit ausgegangen werden. Im Vergleich zu den C und C++ basierten Bibliotheken ist festzustellen, dass diese ein nahezu identisches zeitliches Verhalten aufweisen.

Neben dem Beschreiben der Strukturen sind zudem die Serialisierungs- und Deserialisierungsfunkionen, die zur Reduzierung des Datenstroms nötig sind, ein essenzieller Bestandteil der Performanceanalyse. Es ist zu beobachten (vgl. Abb. 4), dass sich der Kodierer für das Serialisieren der Daten linear verhält, die absolute Zeit der unterschiedlichen Implementierungen weisen jedoch unterschiedlich starke Steigungen auf. Die nanopb Implementierung benötigt ca. die doppelte Kodierzeit und die pythonbasierte Implementierung nahezu das fünffache an Ausführungszeit gegenüber der C++ Implementierung. Die Standardabweichung für die compilierten Versionen ist nahezu identisch, wohingegen diese bei der interpretierten Version erwartungsgemäß größer ausfällt. Bei der Deserialisierung fallen hingegen keine allzu großen Unterschiede auf; dies gilt insbesondere bei der Betrachtung von Teilnehmerzahlen bis zu 20 Objekten.

---

[5] Größe des Fahrzeuges, Position und Richtung in der Welt, sowie Geschwindigkeit und Beschleunigung

[6] Als Zufallsgenerator wird unter C und C++ ein Mersenne-Twister des Typs „MT 19937" verwendet, unter Python die interne `random()`-Funktion, die intern auch auf dem Mersenne-Twister basiert.

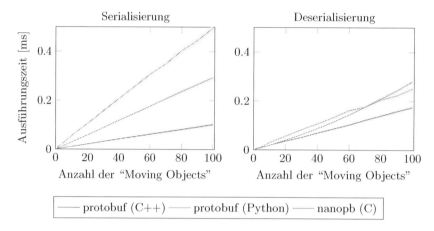

**Abb. 4.** (De-)Serialisierungsfunktionen unterschiedlicher Implementierungen

**Zusammenfassung:** Trotz der schnelleren Codierungs- und Decodierungsfunktionen der C++ Implementierung von protobuf wird für einen ersten Prototyp auf die nanopb-Version gesetzt. Hier spielen vor allem die Vorteile des selektiven Codierens der „repeated"-Strukturen eine Rolle, welches durch das freie Definieren der Callbacks ermöglicht wird. Zudem lassen sich, falls der Inhalt von „repeated"-Strukturen nicht gebraucht wird, durch Weglassen der entsprechenden Callbacks das (de-)codieren unterbinden; somit entfällt der Zeitaufwand für die Aufbereitung. Anderseits lässt sich durch Optimierung der Callbacks, wie z.B. durch Parallelisierung der einzelnen Codierungs-Vorgänge der „repeated"-Strukturelemente, eine Reduzierung der Ausführungszeit bewerkstelligen.

Eine wichtige Rolle spielt auch die Wiederverwendbarkeit des Codes. Hier bietet die nanopb Bibliothek eine Unabhängigkeit gegenüber Dritt-Bibliotheken und die Möglichkeit einer individuellen Implementierung der Speicherverwaltung. Dies ist vor allem für die Integration in Echtzeithardware (vgl. Kapitel 4.3) ausschlaggebend.

## 4.2   Anbindung Simulatoren

Da zum jetzigen Zeitpunkt die zur Verfügung stehenden State-of-the-Art Simulatoren noch keine native Integration des OSI-Standards aufweisen, wird die Anbindung der Einzelkomponenten durch Protokoll-Konverter oder durch eine hausinterne Integration gelöst. Dies lässt sich in den aktuell geforderten Implementierungen vergleichsweise einfach durch Protokollumsetzer realisieren, da sowohl OSI als auch die Simulationen aus dem automobilen Umfeld kommen und daher ähnliche Daten bereitstellen. Mithilfe einfacher Konvertierungsfunktionen werden die Daten der proprietären Schnittstellen in die geforderten Einheiten oder Wertebereiche von OSI und vice versa transponiert.

## 4.3   Anbindung HiL-System

Bei der Anbindung an das von National Instruments (NI) bereitgestellte HiL-System spielt die Wahl der nanopb basierten Implementierung ihren größten Vorteil aus. Generell werden Erweiterungen, sogenannte Custom Devices, für das HiL-Systeme von NI mithilfe von LabVIEW integriert. Hierfür gibt es aktuell keine native Implementierung von protobuf. Daher müssen externe Bibliotheken bereitgestellt werden.

Bei den von NI eingesetzten Echtzeit-Targets wird das Echtzeitbetriebssystem *Phar Lap ETS* eingesetzt, welches Teile der Windows API emuliert. Sicherungsschichten und ein ausgereiftes Speichermanagement werden jedoch nicht bereitgestellt, da es beispielsweise keinen virtuellen Speicher implementiert und dadurch auch keinen Speicherschutz bietet.

Um eigene Funktionalitäten in das System integrieren zu können, müssen daher dynamische Programmbibliotheken bereitgestellt werden, die keine weiteren Abhängigkeiten zu Bibliotheken oder höheren Systembibliotheken besitzen. Einfache Speichermanagementfunktionen können verwendet werden, jedoch kann das zyklische Allokieren und Deallokieren von Speicher kann zu Problemen führen.

Da nanopb selbst keine Abhängigkeiten zu Speichermanagement-Funktionen besitzt und nur die Eigenimplementierungen der Encoder- und Decoder-Callbacks einmalig Speicher allokieren, lassen sich die Funktionalitäten des DDS wiederverwenden. Aus diesen Funktionen lassen sich mithilfe einfacher Wrapper-Funktionen Bibliotheken für die Interaktion mit den internen Datenstrukturen bereitstellen und in LabView integrieren.

## 5   Fazit und Ausblick

In dem vorliegenden Papier wurde gezeigt, dass es mithilfe von protobuf möglich ist weiche Echtzeitbedingungen, zumindest mit den nativen C und C++ Implementierungen, einzuhalten. Zudem ist es mithilfe der nanopb Implementierung möglich, sowohl den DDS als auch die Anbindung des HiL-Systems mit der gleichen grundlegenden Codebasis bereitzustellen.

Zur Evaluierung des Gesamtsystems wurde neben einer Hauptsimulation (aktuell VTD von Vires) ein externes Fahrzeugmodell in das Gesamtsystem integriert. Hierzu wurde ein einfaches Fahrzeugmodell in Python entwickelt, das Daten vom DDS entgegennimmt, darauf reagiert und eine vorgegebene Route abfährt. Gleichermaßen reagiert auch die Hauptsimulation auf das externe Fahrzeugmodell, wodurch eine bidirektionale Kommunikation über den DDS abgebildet wurde. Zudem wurden die anfallenden Daten in einem Postprocessing dazu verwendet, gefahrene Szenario-Situationen nach ihrem Gefährdungspotential zu beurteilen.

Wesentliche zukünftige Herausforderungen ist die drahtlose Anbindung weiterer Komponenten wie beispielsweise ein realer Versuchsträger, der sich frei bewegen soll und daher nicht oder nur bedingt kabelgebunden operieren kann. Dies erfordert Untersuchungen zu verschiedenen Kommunikations-Standards und Produkten, die neben der Bandbreite und Reichweite auch ausreichende Echtzeitfähigkeit und Störanfälligkeit bieten. Aktuell werden neben WLAN auch Daten-Modems im VHF/UHF-Bereich in Betracht gezogen, da mit diesen in der Luftfahrt (vgl. Test- und Forschungsflugzeug SAGITTA [7]) bereits gute Erfahrungen gemacht wurden.

Zum heutigen Zeitpunkt kann festgestellt werden, dass die geschaffenen Grundlagen und die technischen Optionen den Aufbau einer Mixed Reality Versuchsumgebung zur partiellen Absicherung autonomer Systeme möglich machen werden. Im Zuge der weiteren Forschungen muss jedoch herausgearbeitet werden, wie hoch die Reduktion realer Erprobungsfahrten durch den hier betrachteten Labortest sein kann.

## 6  Danksagung

Diese Arbeit wird unterstützt durch das Förderprogramm „Forschung an Fachhochschulen", unter dem Förderkennzeichen 13FH7I01IA (SAFIR) des Bundesministerium für Bildung und Forschung.

## Literaturverzeichnis

1. Aimonen, P.: Nanopb – protocol buffers with small code size (2011), https://jpa.kapsi.fi/nanopb/, Accessed: 2019-06-24
2. Hanke, T., Hirsenkorn, N., van Driesten, C., Garcia Ramos, P., Schiementz, M., Schneider, S.: Open Simulation Interface: A generic interface for the environment perception of automated driving functions in virtual scenarios. (2017), http://www.hot.ei.tum.de/forschung/automotive-veroeffentlichungen/, Accessed: 2017-08-28
3. Kalra, N., Paddock, S.M.: Driving to safety: How many miles of driving would it take to demonstrate autonomous vehicle reliability? Transportation Research Part A: Policy and Practice
4. Köster, F., Form, T., Lemmer, K., Plättner, J.: Wie gut müssen automatisierte Fahrzeuge fahren - PEGASUS. In: automotive nord, H.I. (ed.) AAET 2016 - Automatisierungssysteme, Assistenssysteme und eingebettete Systeme für Transportmittel.
5. Reway, F., Huber, W., Ribeiro, E.P.: Test methodology for vision-based adas algorithms with an automotive camera-in-the-loop. In: 2018 IEEE International Conference on Vehicular Electronics and Safety (ICVES).
6. Varda, K.: Protocol buffers: Google's data interchange format. Tech. rep., http://google-opensource.blogspot.com/2008/07/protocol-buffers-googles-data.html
7. Zeitler, A., Hanti, T., Hiergeist, S., Schwierz, A.: A communication system approach for a small scale RPAS demonstrator. In: 2016 IEEE/AIAA 35th Digital Avionics Systems Conference (DASC).

# Autonomous Exploration, Mapping and Pathfinding using Sensor Fusion with a PhantomX MKIII

Christoph Brandau[1], Jan-Gerrit Jaeger[1], Marco Steinbrink[2], and Dietmar Tutsch[1]

[1] University of Wuppertal
School of Electrical, Information and Media Engineering
Rainer-Gruenter-Str. 21, 42119 Wuppertal, Germany
{brandau,jjaeger,tutsch}@uni-wuppertal.de
[2] Technical University Bergakademie Freiberg
Institute for Informatics, 09599 Freiberg, Germany
marco.steinbrink@doktorand.tu-freiberg.de

**Abstract.** We present a walking robot for autonomous exploration and mapping of unknown terrain, in which different sensors are fused. The used system is the Robot Operationg System (ROS), to which we add new nodes in order to work with all sensors.

## 1  Introduction

This paper is about the construction of a system based on a PhantomX MKIII robot that should enable the robot to autonomously explore and map an unknown territory. Therefore a selection of sensors was chosen for this task and attached to the robot. This includes a depth camera, a lidar sensor, an inertial measurement unit and an ultrasonic sensor. A single board computer was used to combine all sensor data and communicate with the controller attached to the PhantomX as well as building up a connection to a computer which supervises the robot actions. With the use of the Robot Operating System [2] all sensor data was read, evaluated and used for positioning the robot, creating a map and finding a path through the map. This system is capable of simultaneous localization and mapping as well as autonomous exploration and the creation of a three-dimensional map.

## 2  System Configuration

The PhantomX MKIII is a six-legged walking robot from Troosen Robotics [1]. It has a total of 18 servo motors, which can be controlled via a power hub from the ArbotixM robot controller. Each leg has three servo motors and also three degrees of freedom, one from the base of the robot for horizontal movement of the leg and two vertical freeedom degrees. The ArbotixM robot controller used in the PhantomX is an Arduino-compatible microcontroller. This board runs the

© Springer Fachmedien Wiesbaden GmbH, ein Teil von Springer Nature 2019
H. Unger (Hrsg.), *Echtzeit 2019*, Informatik aktuell,
https://doi.org/10.1007/978-3-658-27808-3_6

Nearly Universal Kinematikc Engine (NUKE) [4]. NUKE calculates the control commands for the servos and controls them.

The ODROID-XU4 is used as the single board computer in this system. The ODROID-XU4 calculates the algorithms and executes the robot operating system. The control commands to the ArbotixM board are also generated and transmitted to it. In addition, it has an attached Wifi module. This module is used to receive commands, if the autonomous exploration fails. Furthermore, the mapping data is transferred to a connected computer. As a result, the maps can be viewed almost in real time.

The robot has been extended with various sensors. Among those sensors is a LIDAR [5], which is used for a two-dimensional laser-based location detection, as well as an inertial measuring unit, consisting of an accelerometer, gyroscope and a magnetometer. An ultrasonic sencor is used to detect objects, that are transparent to infrared lasers. Additionally an infrared based proximity sensor is mounted on the front part of the robot. A structured light RGB-D camera is used for depth perception. The ODROID-XU4 is used to collect each of the aforementioned sensors data and aggregate them by sensor fusion. Figure 1 shows on the left side a 3D-modell of the sensor positioning. In the front area is the camera placed. Behind it the LIDAR sensor is slightly elevated so that it can use its full 360 degrees for scanning. The IMU is located on the underside of the perforated plate. At the rear end of the plate is the ODROID-XU4 placed, which is also mounted flat enough on the plate not to interfere with the LIDAR sensor. The left part of the figure shows the orientation of the coordinate system.

**Fig. 1.** The left figure shows a 3D modell of the seonsors on the PhantomX MKIII, that was used for the panning of the robot. The figure on the right shows the axis system of the robot. The z-axis points upwards and the x-axis points in view of the robot.

The Robot Operating System is an open source middleware for robotics applications. An important principle of ROS is the encapsulation of processes, so that individual components are easily interchangeable. This is why ROS processes do not talk directly to each other, but there are message channels on which a process can write or listen. Synchronous communication is also possible which works by request and response.

# 3    Simultaneous Localization and Mapping Algorithms

The GMapping and Hector SLAM and RTAB-Map repositories were implemented for navigation. These packages have a wrapper for the Robot Operating System and use different sensors.

## 3.1    GMapping

GMapping [6] uses the LIDAR for locating. The procedure also requires an odometry, which is provided by another node. The LIDAR must be mounted horizontally on the PhantomX MKIII. GMapping creates a two-dimensional occupancy grid map from the data. The inertial measurement unit has been added as an additional data source.

Different parameters have to be adjusted for an optimal result. The reduction of the card resolution to 0.06 m per cell resulted in a slightly reduced use of the CPU. The resolution of 0.06 m per field was chosen because the lidar has a resolution of approximately one percent of the respective range, which corresponds to 0.06 m at the maximum range. This also reduced the gaps in the map between the individual measuring points of the lidar.

## 3.2    Hector SLAM

Like GMapping, Hector SLAM [7] uses the LIDAR data, the algorithm does not allow the use of other sensor data. For this purpose, no odometry is required. A two-dimensional map of the environment is created from the data, then a connection must be established between the map and the odometry data of the robot.

Hector SLAM offers less adjustable parameters. The map solution was set to 0.06 m per field and the minimum and maximum range of the lidar to the values of the data sheet. In addition, the range of the Z axis, where the lidar scans are used to create the map, has been defined. This is measured from the coordinate system of the lidar and stretches from the ground to 10 cm above the lidar sensor.

## 3.3    RTAB-Map

The RTAB-Map [8] method uses the data from the RGB-D camera. The odometry and the data of the initial measuring unit can be integrated. By using the depth camera, the odometry is obtained from this data. The color images are transmitted via a separate channel. Thus the color value can be assigned to the depth values. A point cloud can be created from this data.

The resolution of the map was adapted to the properties of the depth camera. The algorithm can be optimized for creating two-dimensional maps, but this change did not improve CPU utilization.

### 3.4  Mapping and Pathfinding

The three algorithms GMapping, Hector SLAM and RTAB-Map were used for mapping and pathfinding. Test runs were performed for all three algorithms to find the optimal parameters for each of them. Figure 2 shows the motion sequences of the tests and the resulting 2D maps. The marked sections are areas where obstacles have been found. These areas are souround by a safety margin where the robot should not run. In addition to 2D mapping, the depth camera also performs 3D mapping.

The global map update rate has been set to 0.5 Hz, the local map update rate to 2 Hz, and the local map update rate to 1 Hz. These values are possible due to CPU usage. These values are sufficient for autonomous exploration.

The built-in ultrasonic sensor was then added as an additional data source. This data allows better detection of near obstacles. The ultrasonic sensor is particularly important for the detection of glass panes. The laser-based sensors cannot detect glass surfaces. In addition, the ultrasonic sensor detects obstacles lower than the attached LIDAR. The obstacles identified shall be noted on the cost card.

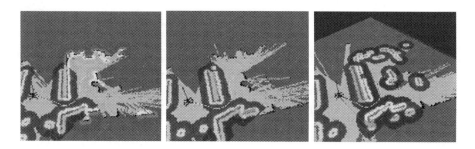

**Fig. 2.** Recordings at the end of the test runs with optimized navigation from left to right with GMapping, Hector SLAM and RTAB-Map.

## 4  Autonomous Exploration

So that individual navigation destinations do not always have to be set by an operator, this process can be automated. This ensures the exploration of a rectangular area by specifying one (Fig. 3 left). New goals are autonomously set and pursued until the entire given area is classified as accessible or inaccessible. Frontier Exploration is based on the implemented navigation package and sends the navigation commands to it.

In ROS, a client is set up to define the rectangle and a server is set up to explore the area. The server waits for the creation of a rectangular polygon and the confirmation to start the exploration by setting a point in the middle of the polygon by the client. It sends this boundary to the second node, which performs the actual calculation. It specifies the largest boundary to be explored and gives the corresponding navigation commands. The required parameters are available in configuration files. Among other things, the coordinate system of the robot and the coordinate system map are defined. These must be transferred into each other afterwards. Among other aspects, accuracies and sampling rates must also be defined.

To verify the functionality of Frontier Exploration, the robot was placed in the same location for all SLAM algorithms. Then the same rectangles that has to be explored were given. When executing GMapping and Hector SLAM, the robot navigated specifically to the area to be explored. This area was classified as free when it was reached and the successful completion of the exploration was marked with an information message. The use of RTAB-Map partially led to unsatisfactory results. Figure 3 shows the example of frontier exploration through the Hector SLAM algorithm.

Another node was implemented to allow an unbound autonomous exploration. For this the server needs a message without a bordered area. It is possible to give the node an edge length and a center position for a rectangular area to be explored.

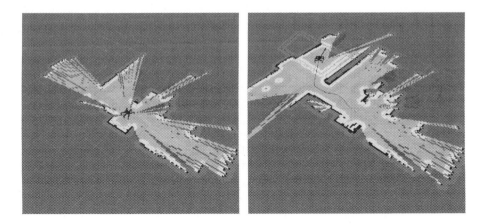

**Fig. 3.** The left figure shows the robot start position. The marked rectangle is the area that will be explored. The right figure shows the result after the exploration is finished.

## 5   3D Map Generation

Until now, the creation and exploration of a map was limited to two-dimensional space only in this paper, because many of the algorithms can be simplified. Two approaches were tested to extend the two-dimensional map. First, the creation of a three-dimensional map using a point cloud and then the representation of the map by a octomap. The first possibility is already executed by RTAB-Map and was not considered in the previous evaluation of the algorithms. A map of colored points in three-dimensional space is created and corrected with loop closures.

The GMapping and Hector SLAM versions have been extended with the integration of the RGB-D camera to display point clouds. The images of the camera are converted into a point cloud and made available via ROS. The storage of such a point cloud would quickly exert a very large load on the system without optimization. This is because each image from the camera outputs a point cloud that is stored even if the robot has not moved. As an alternative octomaps were used, which reads the point clouds of the camera and creates a three-dimensional population map. This map does not use the color values of the pixels and is therefore only monochrome. A octomap created is additionally generated by using RTAB-Map. This variant creates an octomap using the real color values. The display of an Octomap without real colors can be realized by a MarkerArray. In this array the color of the cubes is coded by their position on the Z-axis.

The map creation with GMapping and Hector SLAM did not cause any problems and showed satisfactory results. The only disadvantage was the lack of real color values for later viewing of the map. The map built by RTAB-Map from point clouds is not so precise in comparison. It contains double walls, for example, and the resolution of the camera causes very sparse point clouds at greater distances, so that a contiguous area cannot always be recognized. The results of the test runs, in which first the exploration of an area and then a single navigation destination is given, are visible in figure 4.

**Fig. 4.** Creation of a three-dimensional map with Octomap and HectorSLAM (left), RTAB-Map (center) and Octomap and RTAB-Map (right).

## 6    Algorithm Selection

At the end, two congurations were selected from all the algorithms and parameter settings presented and tested, which are best suited for autonomous cartography. From the initial approaches, the approaches with GMapping, Hector SLAM, RTAB-Map or RTAB-Map with odometry from the RGB-D camera, only the last one proved to be impractical. The Extension of the two-dimensional map to a three-dimensional map provided for the exclusion of the normal RTAB map, because the resulting point clouds are too inaccurate for the mapping. Only the cartography with Octomap by GMapping, Hector SLAM or RTAB-Map proved to be satisfactory.

Due to the jumps in the position in the execution of Hector SLAM, this algorithm is not considered further. GMapping is more robust against position changes by selecting a wrong particle when comparing scans due to the use of direct cinematics and the inertial measurement unit. Thus the final congurations are GMapping and RTAB-Map with Octomap. RTAB-Map has the advantage to create the map with real color values, but neglects the drawing of a two-dimensional ground plan. Figure 5 shows images of the exploration of a larger area by GMapping and RTAB-Map. GMapping was performed with autonomous exploration, while RTAB-Map used the setting of navigation targets.

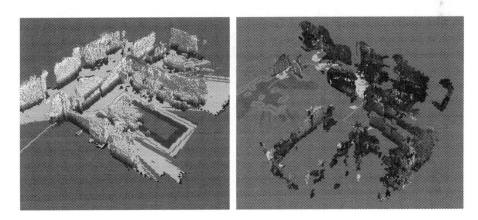

**Fig. 5.** Exploration and mapping of unknown areas through GMapping (left) and RTAB-Map (right) with Octomap.

# 7   Conclusion

The aim of the paper is an autonomously working system that processes the received data in real time to avoid damage to the system. Depending on the running speed the reaction times have to be defined. The existing system works reliably on even surfaces. The integration of various sensors proved to be more difficult than initially assumed, as new nodes had to be integrated into ROS for almost all sensors. Figure 6 shows the 3D map created with the resulting algorithms. The different colour gradations reflect the height of the respective points. The next steps are to overcome small obstacles and walk up and down stairs. First researches for the new steps are in progress.

**Fig. 6.** Unbound autonomous exploration with Frontier Exploration, Octomap and GMapping.

# References

1. Trossen Robotics, `https://www.trossenrobotics.com/`. Last accessed 15 Apr 2019
2. Roboter Operationg System, `http://www.ros.org/`. Last accessed 15 Apr 2019
3. Andreas Nüchter. 3D Robotic Mapping. Springer-Verlag, Berlin 2009, ISBN 978-3-540-89883-2
4. Vanadium Labs: NUKE Introduction, `https://vanadiumlabs.github.io/pypose/nuke-intro.html`. Last accessed 12 May 2019
5. Slamtec: RPLIDAR A1 Low Cost 360 Degree Laser Range Scanner. Shanghai 2016 (Rev.: 1.0). Datasheet
6. OpenSLAM: GMapping, `https://openslam-org.github.io/gmapping.html`. Last accessed 10 May 2019
7. Hector SLAM, `http://www.teamhector.de/resources/32-hector-slam2`. Last accessed 14 May 2019
8. RTAB Map, `http://introlab.github.io/rtabmap/`. Last accessed 13 May 2019

# Implementierung einer Tensor Processing Unit mit dem Fokus auf Embedded Systems und das Internet of Things

Jonas Fuhrmann

Fakultät für Technik und Informatik
Department Informatik
Hochschule für Angewandte Wissenschaften Hamburg
jofrfu@googlemail.com

**Zusammenfassung.** Maschinelles Lernen findet immer mehr Anwendung in unserem Alltag, aber auch sicherheitskritische Systeme werden immer häufiger mit ML-Verfahren ausgestattet. Diese Arbeit gibt einen Einblick in die Realisierung eines Machine-Learning-Co-Prozessors für Embedded Systems und IoT-Geräte. Dabei wurde eine skalierbare Architektur mit Anlehnung an Google's Tensor Processing Units umgesetzt. Kleinere Systeme können so mit diesem Beschleuniger ausgestattet werden und neben der parallelen Ausführung von ML-Modellen noch andere Echtzeitaufgaben übernehmen.

## 1 Einleitung

### 1.1 Motivation

Maschinelle Lernverfahren finden immer häufiger ihren Weg in IoT und mobile Geräte. Ob der persönliche Assistent mit Amazon Alexa und dem Google Assistant oder markerloses Tracking für Augmented Reality auf Smartphones oder VR/AR-Headsets, Anwendungen sind immer wieder in neuen Formen zu sehen. Auch in sicherheitskritischen Branchen wird Machine Learning und die möglichst schnelle Ausführung von ML-Modellen immer wichtiger. Prominente Beispiele sind hier autonomes Fahren und ML gestützte Diagnostik in der Medizin.

### 1.2 Zielsetzung

Diese Arbeit befasst sich damit, einen ML-Co-Prozessor, ähnlich einer Tensor Processing Unit, zu planen, zu implementieren und zu evaluieren. Dabei soll der Prozessor ausreichend klein und sparsam sein, sodass dieser in Embedded Systems oder IoT-Geräten verwendet werden kann, als auch eine schnelle Ausführung von ML-Modellen bieten. Dies wird auf einem modernen FPGA exemplarisch umgesetzt.

© Springer Fachmedien Wiesbaden GmbH, ein Teil von Springer Nature 2019
H. Unger (Hrsg.), *Echtzeit 2019*, Informatik aktuell,
https://doi.org/10.1007/978-3-658-27808-3_7

## 2    Künstliche Neuronale Netze

Bei künstlichen neuronalen Netzen handelt es sich um ein System, welches von der Funktionsweise eines Gehirns abgeleitet wurde [1]. Einheiten eines solchen Systems sind Neurone, die Verbindungen mit anderen Neuronen eingehen und so einen Datenfluss definieren. So kann ein Neuron beliebig viele Eingaben besitzen. Jede Eingabe eines Neurons wird mit einem Gewicht versehen. Dieses stellt die Signifikanz einer Eingabe dar. Die gewichteten Eingaben werden dann durch eine Übertragungsfunktion akkumuliert und die daraus resultierende Netzeingabe in eine Aktivierungsfunktion gegeben, welche bestimmt, wie stark die Ausgabe ausfällt. Zusätzlich kann ein Bias hinzu geführt werden, um die Netzeingabe zu erhöhen oder zu senken [1].

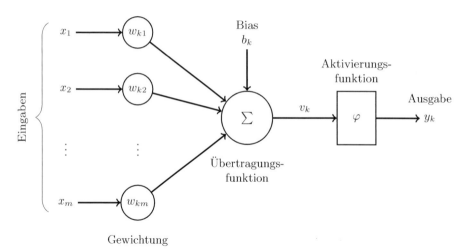

Abgeleitet von [1].
Der Bias $b_k$ kann auch als Gewicht $w_{k0} = b_k$
mit konstanter Eingabe $x_0 = 1$ angesehen werden.

**Abb. 1.** Darstellung eines künstlichen Neurons

### 2.1    Multilayer Perceptron

Multilayer Perceptrons (MLP) sind künstliche neuronale Netze, bei denen die Neurone in Schichten angeordnet werden; dabei gibt es immer eine Eingabe- und Ausgabeschicht als auch beliebig viele Zwischenschichten (hidden layer). Alle Ausgaben einer Schicht werden mit den Eingaben der nächsten Schicht verbunden. Ein- und Ausgabeschichten werden abhängig von der Anwendung modelliert. MLPs können als Graph dargestellt werden, wobei ein Knoten des Graphs ein Neuron repräsentiert [1].

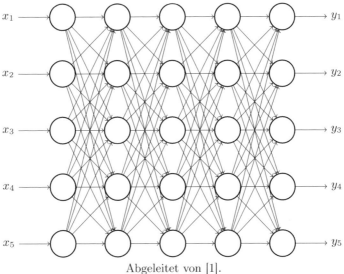

Abgeleitet von [1].
Die Anzahl der Neurone einer Schicht kann beliebig sein.

**Abb. 2.** Darstellung eines Multilayer Perceptrons als Graph

## 2.2  Multilayer Perceptron als Matrixmultiplikation

MLPs können mittels Matrixmultiplikationen berechnet werden. Gewichte werden dazu als Matrix $W$ und Eingaben als Matrix $X$ notiert. Das Resultat ist die Ausgabe $V$. Jede Spalte von $W$ repräsentiert dabei die Gewichte jeder Eingabe eines Neurons und jede Zeile von $X$ stellt eine Gesamteingabe in das Netz dar. Diese Darstellung wird für jede Schicht des Netzes angelegt [2]:

$$V_k = X_k \cdot W_k$$

Das Ergebnis $V$ wird dann elementweise in die Aktivierungsfunktion $\varphi(v)$ übergeben, womit man die Ausgabe $Y$ erhält [2]:

$$Y_k = \begin{bmatrix} \varphi(V_{11}) & \varphi(V_{12}) & \varphi(V_{13}) & \dots & \varphi(V_{1m}) \\ \varphi(V_{21}) & \varphi(V_{22}) & \varphi(V_{23}) & \dots & \varphi(V_{2m}) \\ \vdots & \vdots & \vdots & \vdots & \vdots \\ \varphi(V_{n1}) & \varphi(V_{n2}) & \varphi(V_{n3}) & \dots & \varphi(V_{nm}) \end{bmatrix}$$

## 2.3  Aktivierungsfunktion

Aktivierungsfunktionen sorgen für die Signifikanz der Ausgabe einer Neurone. Um ein lernfähiges System zu modellieren, sollten diese nicht-linear sein. In der Praxis haben sich einige Aktivierungsfunktionen durchgesetzt. Am bekanntesten ist die Sigmoid und die Rectifier Linear Unit (ReLU) Funktion. Es gibt aber auch andere Funktionen wie tanh oder Abwandlungen der ReLU Funktion. Die Funktionen Sigmoid $s$ und ReLU $r$ sind ohne Parameter wie folgt definiert [3]:

$$s(x) = \frac{1}{1 + e^{-x}}$$

$$r(x) = \begin{cases} x & \text{für } x > 0 \\ 0 & \text{sonst} \end{cases}$$

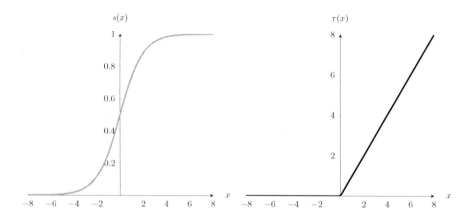

**Abb. 3.** Sigmoid (links) und ReLU Funktion (rechts)

# 3   Konzeption

Im Folgenden werden die Konzepte für die Realisierung einer Tensor Processing Unit (TPU) für Embedded Systems und IoT-Geräte beschrieben. Hierzu wird zunächst die Architektur der bestehenden TPUs erläutert und Überlegungen einer Adaptierung dargestellt.

## 3.1   Architektur der Tensor Processing Unit

Da es sich bei der Architektur der TPU um eine Co-Prozessor Architektur handelt, besitzt diese keine Möglichkeit eines eigenständigen Programmablaufs, stattdessen werden Instruktionen von einem Host-System in einen FIFO-Speicher abgelegt. Das Design ähnelt eher einem Floating-Point-Co-Prozessor als einem herkömmlichen Grafikprozessor [4].

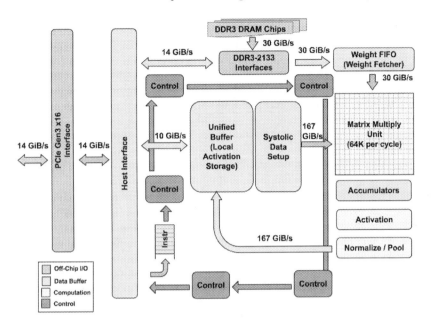

**Abb. 4.** Architektur einer Tensor Processing Unit [4]

## 3.2   Adaptierung für Embedded Systems und IoT-Geräte

**Quantisierung** Da die TPU (der ersten Generation) mit 8-Bit Eingaben und Gewichten rechnet, nutzt Google hier wahrscheinlich das gleiche Quantisierungsverfahren aus TensorFlow (Lite), die so genannte Integer-Arithmethic-Only Quantization [5]. Um die Ressourcennutzung so gering wie möglich zu halten, wird bei der Adaptierung stattdessen auf 8-Bit Festkommaarithmetik gesetzt. Dies beschränkt allerdings die Wertebereiche für signed und unsigned Berechnungen:

$$W_{Q8} = \left\{ \frac{x}{128} | x \in \mathbb{N}, -128 \leq x \leq 127 \right\}$$

$$W_{Qu8} = \left\{ \frac{x}{256} | x \in \mathbb{N}, 0 \leq x \leq 255 \right\}$$

**Unified Buffer** Der Unified Buffer ist ein On-Chip Speicher für Ein- und Ausgaben der Netze. Dabei besitzt dieser 3 Ports für die Übertragung von Daten vom/zum Host-System, lesen der Daten für Matrixmultiplikationen und schreiben von Daten nach der Aktivierung [4]. Die Busbreiten betragen 256 Byte.

In der Adaptierung werden BlockRAM Ressourcen des FPGAs verwendet. Da auf den meisten FPGAs kein BRAM mit 3 Ports unterstützt wird, müssen die beiden verfügbaren Ports so vermuxt werden, dass ein Zugriff vom Host die Zugriffe der anderen Ports überschreibt. Die Busbreiten können je nach verfügbaren Ressourcen angepasst werden.

**Weight-Speicher/Weight-FIFO** Der Weight-Speicher ist ein Off-Chip DDR Speicher, um eine hohe Anzahl von Gewichten speichern zu können. Konkret kommen hier 8-GiB DDR3 Speicher zum Einsatz, womit sich eine hohe Anzahl von Netzen als auch tiefe Netze speichern lassen. Das Speicherinterface kann vom Host-System und einem Weight-FIFO angesprochen werden. Dabei puffert der Weight-FIFO die eingehenden Daten des Speicherinterfaces und legt diese an einen 256 Byte breiten Bus an [4].

Anstatt eines externen Speichers wird in der Adaptierung auch für die Gewichte BlockRAM verwendet. Einerseits wird der Durchsatz durch Vermeidung eines Off-Chip Speichers erhöht, da BlockRAM synchron arbeitet, außerdem besitzen nicht alle FPGAs/Boards einen Off-Chip Speicher bzw. -Interface.

Dieser Weight Buffer kann ähnlich definiert werden wie der Unified Buffer. Hierbei kann aber auf den Master-Port verzichtet werden.

**Matrix Multiply Unit** Die Matrix Multiply Unit (MXU) ist ein systolisches Array von Multiply-Add Komponenten [4], welche 3 Eingänge für ein Gewicht, eine Eingabe und Akkumulation besitzen. Gewichte besitzen 2 Register, damit der Weight-FIFO bereits neue Gewichte laden kann, während schon eine Matrixmultiplikation stattfindet. Eingaben werden abgetaktet und mit den geladenen Gewichten multipliziert. Das resultierende 16-Bit Ergebnis wird in einem Pipeline-Register gespeichert. Der Ausgang des Registers wird dann mit dem Akkumulationseingang addiert und in ein Ergebnis-Register abgelegt, wobei durch die Addition eine um 1-Bit größere Busbreite als der größte Bus entsteht.

Eine Reihe mit der Zeilenzahl 256 dieser Multiply-Add Einheiten werden konkateniert, wobei der Ausgang, die partielle Summe, mit dem Akkumulationseingang der nächsten Einheit verbunden wird. Die komplette Einheit wird von 256 parallelen Reihen gebildet. Gewichte werden zeilenweise vorgeladen. Busbreiten der Ein- und Ausgänge liegen bei 256 Byte. Die Größe der Ausgänge wird auf 32-Bit getrimmt.

Die MXU wird in der Adaptierung nach dem Konzept der TPU realisiert. Die hierfür benötigten Multiply-Add Einheiten sind in Abbildung 5 zu sehen. Da die erste Zeile der Multiply-Add Einheiten keine Addition ausführen muss, ist der Addierer optional. Dies kann über Generics bestimmt werden, die die Busbreiten der Ein- und Ausgänge bestimmen. Demnach gibt es 3 Fälle, die unterschieden werden müssen:

1. Einheit ohne Summen-Eingang und Addierer.
2. Standard Einheit mit Summen-Eingang und Addierer, die Busbreite des Ausgangs wird um 1-Bit erhöht.
3. Einheit mit Summen-Eingang und Addierer, der Ausgang ist auf 32-Bit begrenzt.

Aufgrund des Aufbaus der Einheiten können diese von der Synthese als DSP-Blöcke eingebunden werden.

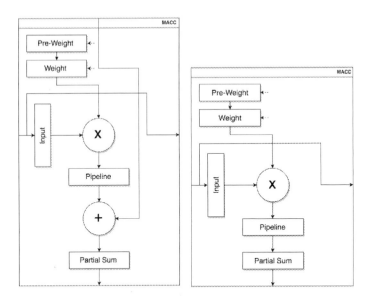

**Abb. 5.** Blockdiagramm der Multiply-Add Einheit mit und ohne Addierer

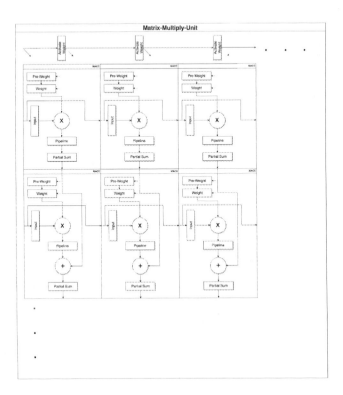

**Abb. 6.** Blockdiagramm der Matrix Multiply Unit

Die MXU besteht aus einem 2D Array der Multiply-Add Komponenten, dabei handelt es sich immer um eine $n \times n$ Matrix. Die erste Zeile besteht aus Komponenten ohne Summen-Eingang. Ist die Matrix kleiner als $16 \times 16$, so müssen die Ausgaben auf 32-Bit sign oder zero extended gesetzt werden, andernfalls werden diese auf 32-Bit getrimmt. Gewichte können vorgeladen werden, wobei immer eine komplette Zeile der Einheiten gleichzeitig vorgeladen wird. Hierfür sind Zeilen adressierbar. Sollen Gewichte durch eine Matrixmultiplikation verrechnet werden, so müssen diese mit Eintreffen der Eingaben in das Weight-Register geladen werden. Hierzu wird nur ein activate Signal benötigt. Dieses wird $n - 1$ Takte verzögert. Jedes Register der Verzögerung wird dann mit den Zeilen der Matrix verbunden, sodass mit jedem Takt immer die nächste Zeile geladen wird. Die erste Zeile wird mit dem direkt anliegenden activate Signal verbunden. Die MXU wird in Abbildung 6 gezeigt.

**Systolic Data Setup** Aufgrund der Pipeline-Register der MXU müssen die Eingaben des Unified Buffers »diagonal« eingespeist werden, sodass die Eingänge jeder Zeile um einen Takt zur vorherigen Zeile verzögert werden, hierdurch entsteht eine Latenz von 256 Taktzyklen [4] bzw. $n$ Zyklen in der Adaptierung, wobei die Verzögerungen hier mit Registern realisiert werden.

**Akkumulatoren** Die Akkumulatoren sind ein Speicher mit der Möglichkeit, ein Ergebnis an eine Adresse zu überschreiben oder zu akkumulieren. Daten der zu schreibenden Adresse werden dabei gelesen, mit den neuen Daten durch einen Addierer geschleust und an dieselbe Adresse gespeichert. Die Größe der Akkumulatoren beträgt dabei 32-Bit, wobei immer 256 Akkumulatoren adressiert werden [4].

Um in der Adaptierung eine hohe Tiefe von Akkumulatoren zu erreichen, wird auch hier auf BlockRAM gesetzt. Dieser wird redundant gehalten, um einen dritten Port bereitstellen zu können (Überschreiben der Register, Lesen zum Akkumulieren der Register und Lesen des Ergebnisses).

**Aktivierung** Die Aktivierungs-Pipeline kann verschiedene Aktivierungsfunktionen mit den Ergebnissen in den Akkumulatoren ausführen [4]. Resultate können dann in dem Unified Buffer abgelegt werden.

Im Rahmen dieser Arbeit werden 2 Aktivierungsfunktionen unterstützt, die Sigmoid und die ReLU Funktion. Sigmoid wird mit Hilfe einer Look-Up-Tabelle umgesetzt, was allerdings zu einem Quantisierungsfehler führt. Die ReLU Funktion muss bei 127/128 bzw. 255/256 gekappt werden, um den Wertebereich nicht zu überschreiten.

**Instruktionssatz** Der Instruktionssatz der TPU beinhaltet 12 Instruktionen: Read_Host_Memory (DMA Lesezugriff), Read_Weights (Laden der Gewichte), MatrixMultiply/Convolve, Activate, Write_Host_Memory (DMA Schreibzugriff).

Es gibt noch weitere Instruktionen, dazu gehören alternate host memory read/write, set configuration, 2 Typen von synchronization, interrupt host, debug-tag, nop und halt [4].

Anders als das Konzept der TPU nutzt die Adaptierung nur 5 Instruktionen: read_weights, matrix_multiply, activate und synchronize, wobei synchronize einen Interrupt an das Host-System schickt, wenn alle vorherigen Berechnungen abgeschlossen sind.

## 4    Umsetzung auf einem FPGA

Die Umsetzung des Konzepts wird in VHDL vorgenommen. Evaluiert wird auf einem Xilinx Zynq 7020 mit integriertem SoC. Das gesamte Design kann inklusive dem SoC mittels eines Block Designs definiert werden, so kann die Synthese dann den SoC mit einbeziehen.

### 4.1    Synthese und Implementation

Die Synthese wird auf Performance eingestellt, zusätzlich wurde Retiming (Verschieben von Registern) und Behalten von äquivalenten Registern eingeschaltet. Dies hat sich für die spätere Implementation als hilfreich erwiesen. Das von der Synthese optimierte Design wird von der Implementation auf das konkrete FPGA angepasst und weiter optimiert. Die endgültige Ressourcennutzung zeigt Tabelle 1 bei einer MXU von $14 \times 14$.

**Tabelle 1.** Ressourcennutzung nach der Implementation

| Resource | Utilization | Available | Utilization in % |
|----------|-------------|-----------|------------------|
| LUT      | 3985        | 53200     | 7,49             |
| LUTRAM   | 239         | 17400     | 1,37             |
| FF       | 7144        | 106400    | 6,71             |
| BRAM     | 139         | 140       | 99,29            |
| DSP      | 218         | 220       | 99,09            |
| BUFG     | 1           | 32        | 3,13             |

Bei 177,77 MHz beträgt der Worst Negative Slack 22 ps. Das Design benötigt eine Leistung von 1,838 W, wobei der SoC 1,493 W der Gesamtleistung aufnimmt.

## 5    Evaluation

Für die Evaluation wurde ein 2-Layer Netz mit dem MNIST Datensatz trainiert.

### 5.1    Theoretische Geschwindigkeit

Die TPU kommt bei einer MXU mit der Größe $14 \times 14$ und 177,77 MHz auf eine theoretische Rechenleistung von 72,177 GOPS, wobei hier die Aktivierung vernachlässigt wurde.

## 5.2　Gemessene Geschwindigkeit

Für eine Auswertung verschiedener TPU Größen wurden Messungen mit der selben Hardware ($14 \times 14$ MXU), aber verschiedenen Größen von Matrizen vorgenommen. Dabei wird immer das Mittel von 10 Messungen verwendet, was sich aufgrund der kleinen Verteilung für einen Vergleich als ausreichend erweist. Tabelle 2 zeigt die Messungen, wobei 5 verschiedene Größen betrachtet werden. Geschwindigkeiten nicht vorhandener Messungen lassen sich eventuell hieraus abschätzen. Da die TPU $n$ Eingabevektoren parallel berechnen kann, wird in der Tabelle auch die Berechnungsdauer pro Vektor dargestellt und mit herkömmlichen Prozessoren (mit TensorFlow in Floating-Point) verglichen.

**Tabelle 2.** Zeitmessungen des Testmodells mit verschiedenen MXU Größen

| Tensor Processing Unit mit 177,77 MHz | | | | | | Intel | BCM2837 |
|---|---|---|---|---|---|---|---|
| Matrix Größe | 6 | 8 | 10 | 12 | 14 | Core i5 | 4x ARM |
| Anzahl der | | | | | | -5287U | Cortex-A53 |
| Instruktionen | 431 | 326 | 261 | 216 | 186 | mit | mit |
| Dauer in μs | 383,746 | 289,014 | 234,277 | 194,222 | 165,528 | 2,9 GHz | 1,2 GHz |
| Dauer pro Vektor in μs | 63,958 | 36,127 | 23,428 | 16,185 | 11,823 | 62 | 763 |

## 5.3　Vergleich mit TensorFlow

Für eine Auswertung der Ergebnisse wird die Genauigkeit der Berechnungen mit TensorFlow verglichen. TensorFlow kommt mit den quantisierten Gewichten und Floating-Point Berechnungen auf eine Genauigkeit von 97,86 %, die TPU hingegen auf 97,73 %. Dies ist dem ungenaueren Datentyp zu verschulden. Durch das Trainieren mit 8-Bit für Aktivierungen kann diese Abweichung eliminiert werden.

# Literaturverzeichnis

1. Simon Haykin: *Neural Networks: A Comprehensive Foundation.* Prentice Hall PTR, 1994
2. Kyoung-Su Oh; Keechul Jung: *GPU implementation of neural networks.* School of Media, College of Information Science, Soongsil University. 2004
3. C. Zhang; P.C. Woodland: *DNN Speaker Adaption Using Parameterised Sigmoid and ReLU Hidden Activation Functions.* Cambridge University Engineering. 2016
4. Norman P. Jouppi; Cliff Young u. a.: *In-Datacenter Performance Analysis of a Tensor Processing Unit.* Google, Inc. 2017
5. Benoit Jacob; Skirmantas Kligys u. a.: *Quantization and Training of Neural Networks for Efficient Integer-Arithmetic-Only Inference.* Google, Inc. 2017

# Mikroarchitekturgewahre Analyse des Ressourcenverbrauchs unter Berücksichtigung des Gesamtsystems

Phillip Raffeck

Lehrstuhl für Verteilte Systeme und Betriebssysteme
Friedrich-Alexander-Universität Erlangen-Nürnberg, 91052 Erlangen
raffeck@cs.fau.de

**Zusammenfassung.** Dem heutigen Stand der Technik entsprechende Mikroprozessoren besitzen immer komplexere Komponenten, um die mittlere Abarbeitungszeit von Instruktionen zu beschleunigen. Die Verwendung solcher Prozessoren in eingebetteten Systemen, die zeitlichen oder energetischen Beschränkungen unterliegen, birgt daher Herausforderungen für statische Analysemethoden zur Bestimmung des maximalen Ressourcenverbrauchs. Konkret zeigt sich der Einfluss der Mikroarchitektur hierbei auf zwei Arten. Zum einen beeinflusst die Mikroarchitektur direkt die momentan in Ausführung befindliche Aufgabe. Zum anderen stellen potenzielle Veränderungen des Mikroarchitekturzustands aufgrund von Verdrängung einen indirekten Einfluss dar.
Diese Arbeit stellt deshalb Möglichkeiten zur sowohl mikroarchitektur- als auch systemgewahren Analyse des maximalen Ressourcenverbrauchs vor. Der vorgestellte Ansatz beachtet hierbei sowohl den Einfluss der Mikroarchitektur auf die isolierte Ausführung einer Aufgabe als auch die Verzögerungen, die eine Aufgabe wegen der Veränderung des Mikroarchitekturzustands durch verdrängende Aufgaben erfährt. Das vorgestellte Verfahren wurde in das quelloffene Analysewerkzeug PLATIN als Erweiterung des SysWCEC-Ansatzes für die Entwicklungsplatine Infineon XMC4500 integriert. Die erzielten Ergebnisse weisen substanzielle Verbesserungen durch das Beachten der Mikroarchitektur auf. Sie bestätigen die allgemeine Verwendbarkeit des Ansatzes für eine mikroarchitektur- und systemgewahre Analyse des maximalen Ressourcenverbrauchs.

## 1 Einleitung

Zeitliche und energetische Beschränkungen unter Garantie einzuhalten ist von enormer Wichtigkeit in harten Echtzeitsystemen, da Verfehlungen zu falschem und potenziell gefährlichem Verhalten führen können. Eine häufig vorkommende Art von Aufgaben in solchen Systemen sind Regelungsaufgaben, die Sensoren auslesen und Aktoren ansteuern: Typische Autos enthalten beispielsweise mehrere Dutzend Mikrocontroller für Aufgaben wie Airbag- oder Motorsteuerung.

Eine inhärente Eigenschaft solcher Regelungsaufgaben ist, dass sie mit ihrer Umgebung interagieren und auf diese reagieren. Diese Interaktion führt zu einer

© Springer Fachmedien Wiesbaden GmbH, ein Teil von Springer Nature 2019
H. Unger (Hrsg.), *Echtzeit 2019*, Informatik aktuell,
https://doi.org/10.1007/978-3-658-27808-2_8

kombinatorischen Explosion des Zustandsraums, die eine explizite Vermessung aller möglichen Programmpfade unmöglich macht. Gängige Analysemethoden begegnen dieser Schwierigkeit mittels geeigneter Abstraktionen, beispielsweise einer impliziten Pfadaufzählung [1]. Der Preis solcher Abstraktionen ist eine geringere Genauigkeit der Analyseergebnisse, da diese nur Überabschätzungen darstellen. Komplexere Mikroarchitekturkomponenten stellen eine weitere Herausforderung für die Genauigkeit der Analyseergebnisse dar, da statische Analysemethoden den Einfluss solcher Hardwarekomponenten beachten müssen [2].

Obwohl mikroarchitekturgewahre Methoden solche Ungenauigkeiten verringern, gehen sie nur einen Teil des Problems an, da sie nur Aufgaben in Isolation betrachten. Dies stellt zwar eine nützliche Metrik für Schedulingprobleme dar, die Aufgaben mit unterbrechungsfreier Ablaufsemantik betrachten, ist aber unzureichend, für Aufgaben, die mit dem Betriebssystem interagieren oder in ihrer Ausführung durch andere Aufgaben unterbrochen werden können [3]. Um Abschätzungen für das schlimmstmögliche zeitliche Verhalten aller Aufgaben in einem Echtzeitsystem angeben zu können, müssen Analysemethoden daher das komplette System betrachten: Aufgaben, das Betriebssystem, Unterbrechungsbehandlungen, sowie die Interaktion all dieser Komponenten untereinander.

In Bezug auf energiebeschränkte Echtzeitsysteme tritt zu all diesen Problemen zudem noch die Anforderung hinzu, dass für alle notwendigen Aufgaben jederzeit genügend Energie zur Ausführung bereitstehen muss. Auch hier sind möglichst genaue Abschätzungen wünschenswert, da unnötig pessimistische Überabschätzungen zu unnötigen Kosten für die Energieversorgungshardware führen können. Da sich im Allgemeinen der Energieverbrauch nicht direkt aus der maximalen Ausführungszeit herleiten lässt [4], benötigt eine Energieverbrauchsanalyse detaillierte Informationen über das energetische Verhalten einer jeden Aufgabe, um den maximalen Energiebedarf des gesamten Systems abzuschätzen.

Um all den genannten Problemen zu begegnen, präsentiert diese Arbeit einen Ansatz für eine umfassende Gesamtsystemanalyse. Mit der vorgestellten Vorgehensweise ist es möglich, sowohl die maximale Antwortzeit als auch den maximalen Energiebedarf bis zum Erhalt einer Antwort zu bestimmen, unter gleichzeitiger Beachtung der Mikroarchitektur sowie des gesamten Echtzeitsystems.

## 2   Problemstellung und Lösungsansatz

Um das Ziel einer mikroarchitektur- und systemgewahren Analyse des maximalen Zeit- und Energiebedarfs zu erreichen, sind zwei Teilprobleme zu bewältigen:

1. Mikroarchitekturgewahre Analyse des zeitlichen Verhaltens
2. Gesamtsystemanalyse der Zielplattform

Für eine präzise Analyse des Zeitverhaltens als ersten Schritt in Richtung einer mikroarchitekturgewahren Gesamtsystemanalyse ist es nötig, die Mikroarchitektur der Zielplattform zu modellieren. In dieser Arbeit wird hierfür der Zustand des Zwischenspeichers und der Verarbeitungskette nach jedem Prozessortakt modelliert. Der Fokus liegt auf dem zeitlichen Verhalten, da Schwankungen im

Energieverbrauch auf Mikroarchitekturebene vernachlässigbar klein im Vergleich zum Energieverbrauch von Peripheriegeräten sind. Werden Geräte korrekt berücksichtigt, erübrigt sich also eine Modellierung des energetischen Verhaltens der Mikroarchitektur. Daher nutzt dieser Ansatz für die Bestimmung des maximalen Energiebedarfs einen Umweg über das zeitliche Verhalten aus.

Der SysWCEC-Ansatz [5] erlaubt, die maximale Antwortzeit (engl. *worstcase response time (WCRT)*) bzw. den maximalen Energieverbrauch bis zum Erhalt der Antwort (engl. *worst-case energy consumption (WCRE)*) unter Berücksichtigung aller Aufgaben in System, des Betriebssystems sowie potenzieller Unterbrechungsbehandlungen zu bestimmen. Eine explizite Aufzählung aller Systemzustände ermöglicht das Ausnutzen von Wissen über konkrete Systemzustände und Übergänge, um somit präzise Analyseergebnisse zu erzielen. Ein Beitrag dieser Arbeit ist die Umsetzung dieses Konzepts für die Zielplattform.

Durch eine kombinierte Lösung beider Probleme ist es möglich, Echtzeitsysteme in ihrer Gesamtheit präzise zu analysieren und deren WCRT bzw. WCRE zu bestimmen. Hierfür wird der bestehende SysWCEC-Ansatz erweitert, um die Ergebnisse der Mikroarchitekturanalyse des Zeitverhaltens auszunutzen und über diesen Umweg auch bei der Energiebedarfsanalyse von Mikroarchitekturwissen zu profitieren. Die Arbeit ist im weiteren Verlauf wie folgt strukturiert: Abschnitt 3 beschreibt die Annahmen, die für diese Arbeit in Bezug auf das System getroffen wurden. Die konkrete Umsetzung der Lösungsansätze für die beiden Teilprobleme sowie deren Integration in das quelloffene Analysewerkzeug PLATIN [6] werden in den Abschnitten 4 bzw. 5 erläutert. Abschnitt 6 stellt Evaluationsergebnisse vor und Abschnitt 7 schließt die Arbeit ab.

# 3   Systemmodell

Die in dieser Arbeit vorgestellte Analyse betrachtet OSEK-kompatible [7] Systeme, sämtliche Aufgaben sowie ihre Prioritäten sind also statisch bekannt. Aufgaben können über eine Betriebssystemschnittstelle Peripheriegeräte ein- und ausschalten und somit die Leistungsaufnahme des Systems temporär beeinflussen. Es wird angenommen, dass Wissen über die maximale Leistungsaufnahme aller Komponenten im System vorliegt. Die Ausführung einer Aufgabe kann jederzeit unterbrochen werden. Für jede Unterbrechung ist eine minimale Zwischenankunftszeit bekannt und alle Unterbrechungsbehandlungen werden unterbrechungsfrei abgearbeitet. Außerdem wird davon ausgegangen, dass sämtliche Unterbrechungen ohne zusätzliche Verzögerungen in der Hardware auftreten. Dadurch ist ausgeschlossen, dass das Analyseergebnis durch Unterbrechungen beeinflusst werden kann, die vor dem Analysezeitpunkt aufgetreten sind.

Die Annahmen über die Mikroarchitektur ergeben sich aus der konkreten Architektur der Zielplattform. Dies ist die von Infineon entwickelte Plattform XMC4500, die mit einem ARM Cortex-M4-Prozessor ausgestattet ist. Die Plattform eignet sich für die in Abschnitt 4 vorgestellten Analysen, da sie eine relativ einfache Mikroarchitektur besitzt, die zudem vergleichsweise gut dokumentiert ist [8–10], was den komplexen und daher fehleranfälligen Prozess der Mikroarchitekturmodellierung [11] erleichtert. Der Prozessor besitzt eine dreistufige Verarbeitungskette sowie einen zweifach assoziativen Zwischenspeicher für Befehle, der mit einer *least recently used* (LRU)-Ersetzungsstrategie arbeitet. Die Verwendung der LRU-Ersetzungsstrategie vereinfacht die Analyse weiter, da bei LRU keine Anomalien im Zeitverhalten auftreten können. Deshalb kann, wenn nicht eindeutig entschieden werden kann, ob sich ein Datum im Zwischenspeicher befindet, ein Fehlzugriff als schlimmstmöglicher Fall angenommen werden [12].

## 4    Mikroarchitekturanalyse

Im Folgenden werden die verwendeten Methoden zur Mikroarchitekturanalyse vorgestellt. Diese beschränken sich wie bereits erläutert auf die Analyse des zeitlichen Verhaltens. Abschnitt 4.1 erläutert den Begriff des Mikroarchitekturzustands, die Abschnitte 4.2 und 4.3 anschließend die konkreten Analysemethoden.

### 4.1    Mikroarchitekturzustand

Wenn in dieser Arbeit von *Mikroarchitekturzustand* gesprochen wird, ist der Zustand der Befehlsverarbeitungskette und des Befehlszwischenspeichers gemeint. Für die Befehlsverarbeitungskette wird hierbei berücksichtigt, welche Instruktionen sich zu einem konkreten Zeitpunkt in welcher Verarbeitungsstufe befinden und wie viele Prozessorzyklen eine Verarbeitungsstufe jeweils noch benötigt, um ihre Instruktion abzuarbeiten. Für den Zustand des Befehlszwischenspeichers ist hingegen interessant, welches Datum wo im Zwischenspeicher abgelegt ist und in welcher Reihenfolge Daten im Falle eines Konflikts verdrängt werden.

### 4.2    Mikroarchitekturgewahre Ausführungszeitanalyse

Um die maximale Ausführungszeit (engl. *worst-case execution time (WCET)*) eines Basisblocks zu bestimmen, wird der Mikroarchitekturzustand mittels eines Ausführungsgraphen auf Mikroarchitekturebene (engl. *Microarchitecture Execution Graphs (MEG)*) [13] modelliert. Der MEG ist ein gerichteter Graph. Seine Knoten repräsentieren abstrakte Mikroarchitekturzustände, seine Kanten mögliche Übergänge zwischen diesen Knoten. Für jeden Basisblock lässt sich nun die WCET ausgehend von einem bekannten Startzustand bestimmen, indem der Einfluss der einzelnen Prozessorzyklen auf den aktuellen Mikroarchitekturzustand berechnet wird. Der Startzustand des Zwischenspeichers wird hierbei durch eine Persistenzanalyse [14] ermittelt, die Verarbeitungskette wird als leer angenommen. Ein Prozessorzyklus wirkt sich wie folgt auf den Mikroarchitekturzustand aus. In jeder Stufe der Verarbeitungskette wird die Verarbeitungszeit um eins reduziert. Erreicht die Verarbeitungszeit den Wert 0 und ist die nachfolgende Verarbeitungsstufe frei, wird die Instruktion an die nächste Stufe weitergegeben. Der Zwischenspeicher für Befehle wird seiner Ersetzungsstrategie folgend aktualisiert, wenn eine neue Instruktion in die Verarbeitungskette geladen wird. Für jeden möglichen, sich so ergebenden Nachfolgezustand wird ein neuer Knoten erstellt, der mit einer entsprechenden Kante ausgehend vom Vorgänger verknüpft wird. Dieser Prozess wird wiederholt, bis die letzte Instruktion des Basisblocks die Befehlsverarbeitungskette verlassen hat.

## 4.3  Verdrängungsbedingte Verzögerungen

Durch den zuvor vorgestellten MEG ist es möglich, den Mikroarchitekturzustand eines konkreten Befehlsstroms zu modellieren. Bei einer Gesamtsystemanalyse müssen Effekte durch Interaktionen zwischen Aufgaben untereinander sowie dem Betriebssystem und dem Auftreten von Unterbrechungen beachtet werden. Wird eine Aufgabe verdrängt, wird möglicherweise ihr Mikroarchitekturzustand durch die verdrängenden Aufgaben verändert. Dadurch können verdrängungsbedingte Verzögerungen (engl. *preemption delay*) auftreten, beispielsweise weil die verdrängte Aufgabe einen Speicherbereich erneut in den Zwischenspeicher laden muss, da dieser während der Verdrängung ersetzt wurde. Die Analyse muss diese nur durch die Verdrängung entstehenden Verzögerungen beachten.

Um Verzögerungen in Bezug auf die Verarbeitungskette abschätzen zu können, wird der schlimmstmögliche Einfluss sowohl bei der Verdrängung als auch bei der Wiedereinlastung einer Aufgabe ermittelt, indem in Orientierung an den von Schneider genannten Einflüssen [15] plattformspezifische Kosten verwendet werden. In Bezug auf den Zwischenspeicher wird die maximale Verzögerung durch die Speicherzugriffe der verdrängenden Aufgabe abgeschätzt, indem die Zwischenspeicherblöcke ermittelt werden, die die verdrängende Aufgabe während der Verdrängung benutzt. In der Literatur ist dieses Konzept als *verdrängende Zwischenspeicherblöcke* (engl. *evicting cache blocks (ECB)*) bekannt [16].

## 5  Gesamtsystemanalyse

Die zuvor vorgestellten Methoden zur mikroarchitekturgewahren Analyse des Zeitverhaltens sollen nun in den SysWCEC-Ansatz zur Gesamtsystemanalyse integriert werden, um auch hier genauere Ergebnisse zu erhalten. SysWCEC wird in Abschnitt 5.1 kurz erläutert und in Abschnitt 5.2 die konkrete Integration von Mikroarchitekturwissen in die Gesamtsystemanalyse beschrieben. Die Erläuterungen in den folgenden Abschnitten beschränken sich auf die WCRE-Analyse. Eine WCRT-Analyse ist analog durch geringe Umformulierungen im Optimierungsproblem möglich, das den finalen Analyseschritt darstellt.

## 5.1  Der SysWCEC-Ansatz

Der SysWCEC-Ansatz [5] zielt darauf ab, den Pessimismus einer kompositionellen Gesamtsystemanalyse zu überwinden, indem Kontextwissen bewahrt wird. Hierfür wird ein Flussproblem über das gesamte System formuliert, um somit Wissen über den Kontrollfluss zwischen einzelnen Systemkomponenten ausnutzen zu können. Für eine solche Analyse müssen gewissen Eigenschaften

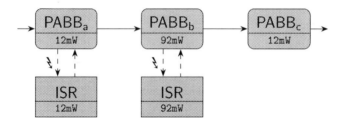

**Abb. 1.** PSTG-Darstellung, die die kontextsensitive Betrachtung der Leistungsaufnahme am Beispiel einer Unterbrechungsbehandlung (ISR) illustriert.

des Systems statisch bekannt sein, wie beispielsweise die Menge der Aufgaben und Unterbrechungsbehandlungen sowie deren Prioritäten (siehe Abschnitt 3).

Grundlegendes Ziel des SysWCEC-Ansatzes ist es, den maximalen Energieverbrauch einer Aufgabe bis zum Antwortzeitpunkt (WCRE) zu bestimmen. Hierfür wird das System in alle möglichen Leistungsaufnahmezustände zerlegt, um anschließend den Fluss durch das System mit dem maximalen Energieverbrauch zu bestimmen. Da für eine solche Zerlegung Wissen über zusammenhängende Bereiche im Kontrollfluss mit gleicher Leistungsaufnahme benötigt wird, werden in einem ersten Schritt Basisblöcke in den Kontrollflussgraphen einzelner Systemkomponenten zu atomaren Regionen (engl. *power atomic basic blocks (PABB)* zusammengefasst. Diese PABBs sind atomar aus Sicht des Betriebssystems, das heißt, es werden während ihrer Ausführung keine Systemaufrufe verwendet. Außerdem sind diese Bereiche atomar in Hinsicht auf ihre Leistungsaufnahme, das heißt, während der Ausführung eines solchen Abschnitts ändert sich die Leistungsaufnahme peripherer Geräte nicht.

Das Wissen über den Kontrollfluss im System, Übergänge zwischen Aufgaben und Auftrittszeitpunkte von Unterbrechungen, erlaubt es nun, die eben bestimmten atomaren Regionen in eine größere Struktur einzubetten: den leistungsaufnahmegewahren Zustandsübergangsgraphen (engl. *power state transsistion graph (PSTG)*. Der PSTG enthält alle Zustände des Systems sowie die möglichen Übergänge zwischen ihnen, inklusive aller Systemaufrufe und Unterbrechungen. Durch diesen Aufbau encodiert der PSTG alle zulässigen Ausführungspfade des Systems. Durch die vorausgegangene Zusammenfassung des Systems in PABBs und eine Verwaltung der eingeschalteten externen Geräte entlang des Kontrollflusses ist zudem die kontextsensitive, maximale Leistungsaufnahme eines jeden Zustands im PSTG bekannt. Abbildung 1 illustriert dies an einem beispielhaften PSTG: Je nachdem, in welchem PABB eine Unterbrechung auftritt, wird deren Behandlungsroutine (ISR) in einem anderen Leistungsaufnahmezustand ausgeführt. Die Unterbrechungsbehandlung ist daher durch mehrere Knoten mit unterschiedlicher Leistungsaufnahme im PSTG repräsentiert.

Ausgehend vom PSTG lässt sich nun eine Abschätzung des WCRE berechnen, indem der PSTG in ein ganzzahliges, lineares Optimierungsproblem überführt wird. Ziel dieses Optimierungsproblems ist es, die Abschätzung des WCRE, basierend auf der Ausführungshäufigkeit der Systemzustände und deren maximalen

Energieverbrauch, zu maximieren. Der maximale Energieverbrauch eines einzelnen Knotens im PSTG ergibt sich hierbei aus der WCET des zugehörigen PABBs sowie der kontextsensitiven, maximalen Leistungsaufnahme des Systemzustands. Um Ausführungshäufigkeiten in Systemen mit Unterbrechungen abschätzen zu können, muss deren Auftreten über ihre minimale Zwischenankunftszeit begrenzt werden. Hierzu wird die Antwortzeit, die dem Fluss mit dem maximalen WCRE entspricht, als Randbedingung des Optimierungsproblems eingeführt, die dann wiederum, in Verbindung mit der minimalen Zwischenankunftszeit, zur Einschränkung des Auftretens von Unterbrechungen verwendet werden kann. Da diese Zeit auch die Ausführungszeit der Unterbrechungsbehandlungen umfasst, ist sichergestellt, dass die Analyse die korrekte, schlimmstmögliche Auftrittshäufigkeit der Unterbrechungen verwendet.

## 5.2   Integration von Mikroarchitekturwissen

Um den Pessimismus des SysWCEC-Ansatzes zu verringern, soll in der Analyse Wissen über den Mikroarchitekturzustand ausgenutzt werden. Dies ist durch eine Anpassung in zwei Punkten möglich: eine mikroarchitekturgewahre Abschätzung der WCET der PABBs sowie die Berücksichtigung möglicher verdrängungsbedingter Verzögerungen bei Übergängen zwischen Systemzuständen.

In Abschnitt 4 wurde dargelegt, wie die WCET eines PABB mithilfe eines MEG mikroarchitekturgewahr bestimmt werden kann. Bei verdrängungsbedingten Verzögerungen ist die Beachtung der Mikroarchitektur komplizierter, da es unzureichend ist, die Verzögerung einfach auf die WCET-Abschätzung aufzuaddieren. Da jede Verzögerung die Ausführungszeit erhöht, besteht die Möglichkeit, dass diese Verzögerung das Auftreten neuer Unterbrechungen ermöglicht, die wiederum zu neuen Verzögerungen führen können. Dieses Problem lässt sich umgehen, indem diese Verzögerungen als Randbedingungen in das Optimierungsproblem aufgenommen werden. Die Beachtung von Verzögerungen in der Randbedingung für die globale Antwortzeit stellt zudem sicher, dass die Analyse die Auftrittshäufigkeit von Unterbrechungen korrekt ermittelt. Die Analyse profitiert an dieser Stelle von den im PSTG kodierten Informationen, da diese genutzt werden können, um die schlimmstmögliche Verzögerung möglichst genau abzuschätzen. Für den durch eine verdrängungsbedingte Verzögerung verursachten Energieverbrauch wird vereinfachend die maximale Leistungsaufnahme des unterbrochenen PABB angenommen.

# 6   Evaluationsergebnisse

Im Folgenden werden die Ergebnisse zweier Experimente präsentiert, die die Verwendbarkeit des vorgestellten Ansatzes unterstreichen. Alle Experimente wurden auf der schon erwähnten Infineon-Plattform XMC4500 durchgeführt.

Um die Genauigkeit, die durch die Integration von Mikroarchitekturwissen in die Analyse erreicht wurde, abschätzen zu können, wurden die Analyseergebnisse von PLATIN mit und ohne Mikroarchitekturwissen verglichen. Hierfür

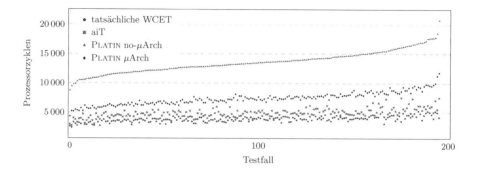

**Abb. 2.** Analyseergebnisse von aiT (Quadrate) sowie PLATIN mit (Dreiecke) und ohne (Rauten) Mikroarchitekturanalyse im Vergleich zur tatsächlichen WCET (Kreise).

wurden mittels Werkzeugunterstützung [17, 18] Testfälle mit einem bekannten schlimmstmöglichen Pfad generiert und anschließend deren tatsächliche WCET durch Ausmessen dieses Pfads ermittelt. Dies ermöglicht den Vergleich der Analyseergebnisse gegen einen realen Referenzwert, um so die Genauigkeit der Analyse zu beurteilen. Abbildung 2 zeigt die tatsächliche WCET der Testfälle im Vergleich zu den Analyseergebnissen der beiden Versionen von PLATIN und des industriellen Analysewerkzeugs aiT. Durch das Wissen über die Mikroarchitektur liefert PLATIN zwischen 39 % und 51 % genauere Ergebnisse als ohne Mikroarchitekturanalyse. Der Vergleich mit den Abschätzungen von aiT zeigt aber, dass das Mikroarchitekturmodell noch weiter verbessert werden kann, da der vorgestellte Ansatz noch 11 % bis 106 % größere Abschätzungen als aiT liefert.

Um zu untersuchen, wie die Genauigkeit der WCRE-Analyse durch die mikroarchitekturgewahre Zeitanalyse verbessert werden kann, wurden automatisiert Testsysteme generiert, deren Aufgaben mit externen Geräten interagieren. Die Testsysteme wurden so konstruiert, dass der Pfad mit dem schlimmstmöglichen Energieverbrauch bekannt ist [19]. Indem die externen Geräte durch 56 $\Omega$-Widerstände nachgebildet wurden, wurde der tatsächliche WCRE durch Ausmessen des bekannten, schlimmstmöglichen Pfads bestimmt. Dies ermöglicht wiederum den Vergleich der Analyseergebnisse des SYSWCEC-Ansatzes mit und ohne Mikroarchitekturanalyse gegen tatsächliche Referenzwerte. Wie Abbildung 3(a) zeigt, liefert der mikroarchitekturgewahre Ansatz eine Median-Überabschätzung von 170 %. Im Vergleich zum originalen SYSWCEC-Ansatz werden durch die Integration der Mikroarchitekturanalyse jedoch zwischen 46 % und 51 % genauere Abschätzungen erreicht.

Die Evaluationsergebnisse unterstreichen die Anwendbarkeit des vorgestellten Ansatzes, da sie das Verbesserungspotenzial aufzeigen, das durch die Integration der Mikroarchitekturanalyse erreichbar ist. Diese Verbesserung ist allerdings nur auf Kosten erhöhter Analysekosten möglich. Abbildung 3(b) zeigt die Zeit, die der originale und der mikroarchitekturgewahre SYSWCEC-Ansatz zur Ermittlung der eben betrachteten WCRE-Abschätzungen auf einem Intel i5-4590 Prozessor mit 16 GB RAM benötigen. Es ist zu erkennen, dass die Analysezeiten des

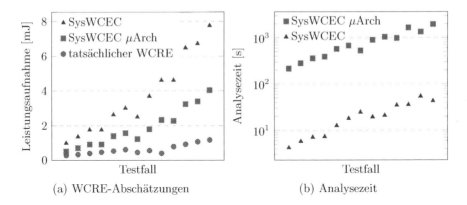

(a) WCRE-Abschätzungen                    (b) Analysezeit

**Abb. 3.** Analyseergebnisse des pessimistischen (Dreiecke) sowie des mikroarchitekturge-wahren SysWCEC-Ansatzes (Quadrate) im Vergleich zum tatsächlichen WCRE (Kreise) sowie die benötigte Analysezeit beider Ansätze.

mikroarchitekturgewahren Ansatzes bis zu fünfzigmal größer sind. Dies ist durch den Aufwand zur Modellierung des Mikroarchitekturzustands bedingt. Da die gesamte Analysezeit allerdings trotzdem noch in der Größenordnung von Minuten liegt, handelt es sich um einen akzeptablen Preis für die erreichte verbesserte Genauigkeit der WCRE-Analyse.

## 7    Fazit

Oberschranken für den schlimmstmöglichen Ressourcenbedarf sind essenziell in harten Echtzeitsystemen mit Energiebeschränkungen, um einen sicheren Betrieb gewährleisten zu können. Diese Arbeit stellt einen Ansatz vor, der solche Oberschranken mit signifikant reduziertem Pessimismus ermittelt, indem der systemweite Kontrollfluss bestimmt und in Regionen mit konstanter Leistungsaufnahme unterteilt wird. Entlang dieser Pfade wird eine mikroarchitekturgewahre Zeitanalyse durchgeführt, die wiederum indirekt zur Abschätzung des maximalen Energieverbrauchs ausgenutzt werden kann. Die Evaluationsergebnisse bestätigen die Verwendbarkeit des Ansatzes für mikroarchitekturgewahre Analyse des Zeit- und Energiebedarfs unter Berücksichtigung des Gesamtsystems.

**Danksagung** Ich möchte meinen Betreuern Peter Wägemann und Prof. Dr. Wolfgang Schröder-Preikschat für Ihre Betreuung während meiner Masterarbeit danken. Die Arbeit wurde teilweise unterstützt durch die Deutsche Forschungsgemeinschaft (DFG) unter den Förderkennzeichen SCHR 603/9-2, SCHR 603/13-1, SCHR 603/14-1 sowie durch das Bayerisches Staatsministerium für Wirtschaft, Landesentwicklung und Energie unter dem Förderkennzeichen 0704/883 25.

# Literaturverzeichnis

1. P. P. Puschner und A. V. Schedl. Computing Maximum Task Execution Times – A Graph-Based Approach. Real-Time Systems, 13(1):67–91 (1997).
2. J. Barre; C. Landet; et al.. Modeling instruction-level parallelism for WCET evaluation. In: Proc. of the 12. Int'l Conf. on Embedded and Real-Time Computing Systems and Applications (RTCSA '06), Seiten 61–67 (2006).
3. J. Schneider. Why You Can't Analyze RTOSs without Considering Applications and Vice Versa. In: Proc. of the 2. Workshop on Worst-Case Execution-Time Analysis (WCET '02), Seiten 1–6 (2002).
4. R. Jayaseelan; T. Mitra und X. Li. Estimating the worst-case energy consumption of embedded software. In: Proc. of the 12. Real-Time and Embedded Technology and Applications Symposium (RTAS '06), Seiten 81–90 (2006).
5. P. Wägemann; C. Dietrich et al..Whole-System Worst-Case Energy-Consumption Analysis for Energy-Constrained Real-Time Systems. In: Proc. of the 30. Euromicro Conference on Real-Time Systems (ECRTS '18) (2018).
6. S. Hepp; B. Huber; et al.. The platin Tool Kit – The T-CREST Approach for Compiler and WCET Integration. In: Proc. of the 18. Kolloquium Programmiersprachen und Grundlagen der Programmierung (KPS '15), Seiten 277–292 (2015).
7. OSEK/VDX Group. Operating System Specification 2.2.3. Technischer Bericht.
8. ARM. ARM Cortex-M4 — Technical Reference Manual (2015). Revision: r0p1.
9. ARM. ARMv7-M Architecture Reference Manual (2014).
10. Infineon Technologies AG. XMC4500 Microcontroller Series for Industrial Applications — Reference Manual (2016). V1.6 2016-07.
11. J. Abella; C. Hernandez; et al.. WCET analysis methods: Pitfalls and challenges on their trustworthiness. In: Proc. of the 10. International Symposium on Industrial Embedded Systems (SIES '15), Seiten 39–48 (2015).
12. F. Cassez; R. R. Hansen und M. C. Olesen. What is a Timing Anomalyl. In: Proc. of the 12. Int. Workshop on Worst-Case Execution Time Analysis (WCET'12), Seiten 1–12 (2012).
13. I. J. Stein. ILP-based path analysis on abstract pipeline state graphs (2010).
14. C. Cullmann. Cache Persistence Analysis: Theory and Practice. ACM Trans. on Embedded Computing Systems (ACM TECS), 12(1s):40:1–40:25 (2013).
15. J. Schneider. Cache and Pipeline Sensitive Fixed Priority Scheduling for Preemptive Real-Time Systems. In: Proc. of the 21. Real-Time Systems Symposium (RTSS '00), Seiten 195–204 (2000).
16. J. V. Busquets-Mataix; J. J. Serrano; et al.. Adding instruction cache effect to schedulability analysis of preemptive real-time systems. In: Proceedings of the 2. Real-Time Technology and Applications Symposium (RTAS'96), Seiten 204–212 (1996).
17. P. Wägemann; T. Distler; C. Eichler und W. Schröder-Preikschat. Benchmark Generation for Timing Analysis. In: Proc. of the 23. Real-Time and Embedded Technology and Applications Symp. (RTAS'17), Seiten 319–330 (2017).
18. C. Eichler; P. Wägemann; T. Distler und W. Schröder-Preikschat. Demo Abstract: Tooling Support for Benchmarking Timing Analysis. In: Proc. of the 23. Real-Time and Embedded Technology and Applications Symp. (RTAS'17), Seiten 159–160.
19. C. Eichler; T. Distler et al.. TASKers: A Whole-System Generator for Benchmarking Real-Time-System Analyses. In: Proc. of the 18. International Workshop on Worst-Case Execution Time Analysis (WCET '18) (2018).

# Entscheidungslogik generieren

Jens Lehmann

Fakultät für Mathematik und Informatik
FernUniversität in Hagen, 58084 Hagen
jens.lehmann@ontotec.com

**Zusammenfassung.** Können KI-Techniken im Bereich der Software-Entwicklung sicherheitsrelevanter eingebetteter Systeme genutzt werden? Im Artikel werden Anwendungsmöglichkeiten betrachtet und Kriterien hergeleitet, die dabei zu beachten sind.

## 1 Einordnung der Techniken

Künstliche Intelligenz (en: Artificial intelligence) ließe sich gemäß der englischen Begriffe (artifiziell, konstruiert, künstlich, nachgeahmt, synthetisch sowie Auffassungsvermögen, Einsicht, Geheimdienst, Geheimdienstinformation, geistige Begabung, Information, Intelligenz, Klugheit, Nachricht, Spionage, Verstandeskraft) oder laut dict.cc auch als artifizielle, rasche Auffassungsgabe übersetzen. Im Folgenden wird auf die Verwendung des aktuell so populären Begriffes verzichtet. Vielmehr soll eine systematische Einordnung ausgewählter, mit diesem Begriff assoziierter Techniken vorgenommen werden.

Die Einordnung orientiert sich an der Entwicklung und der allgemeinen Struktur eines datenverarbeitenden Systems. Dabei wird unter anderem berücksichtigt, ob so gewonnene Daten für einen Menschen interpretierbar sind. Bei den Daten könnte es sich beispielsweise um Parameter eines neuronalen Netzes oder die Struktur eines Entscheidungsbaumes handeln. Beiden Techniken ist eines gemeinsam: ein Informationsgewinn basierend auf Rekombinationen generischer Algorithmen. Es wird ausdrücklich betont, dass der Begriff generisch eben NICHT synonym für den Begriff universell steht. Bei der Anwendung dieser Techniken ist ein problemspezifisches Design, beispielsweise die Startparameter eines Algorithmus, von entscheidender Bedeutung und von hoher Komplexität. Rekombinationen können auf allen Ebenen wirksam sein: Daten, Parameter oder Algorithmen.

Betrachten wir zunächst die Daten: Mit Hilfe einer geeigneten Notation soll beispielsweise Wissen explizit abgebildet und für einen Algorithmus so zu verarbeiten sein, dass dieser durch logische Schlussfolgerungen implizites Wissen verfügbar macht. Es ist vorstellbar, dass auf Grundlage dieses, zunächst eben nur implizit zugänglichen Wissens, weitere Erkenntnisse gewonnen werden. Sowohl Algorithmen als auch Parameter werden explizit formuliert und bleiben während der Verarbeitung unverändert. Die Daten- bzw. Wissensbasis kann beispielsweise vom Algorithmus unabhängige Fakten und Regeln enthalten, wobei die Regeln durchaus auch als eine Form der Parameter verstanden werden können. Das

© Springer Fachmedien Wiesbaden GmbH, ein Teil von Springer Nature 2019
H. Unger (Hrsg.), *Echtzeit 2019*, Informatik aktuell,
https://doi.org/10.1007/978-3-658-27808-2_9

Ergebnis der Verarbeitung soll für den menschlichen Betrachter interpretierbar sein.

Als nächstes werden die Parameter betrachtet: Durch die Veränderung von Parametern wird die Arbeitsweise eines Algorithmus einer Problemstellung angepasst. Dabei kann eine solche Anpassung im Rahmen des Entwurfs oder während der Verarbeitung, im Training oder während der Anwendung erfolgen. Sind initiale Parameter sowie das Ergebnis für den menschlichen Betrachter verständlich, so könnte dies für dynamisch veränderte Parameter ggf. nicht gewährleistet werden.

Abschließend steht der Algorithmus selbst im Fokus: Durch strukturelle Veränderungen wird die Arbeitsweise eines Algorithmus an ein Problem angepasst. Das bedeutet, dass beispielsweise der Daten- oder der Kontrollfluss strukturell verändert werden. Abhängig davon kann eine solche Anpassung im Rahmen des Entwurfs oder während der Verarbeitung, im Training oder während der Anwendung erfolgen. Der Algorithmus soll durch einen menschlichen Betrachter interpretierbar sein. Dabei ist es unerheblich, ob beispielsweise ein Entscheidungsbaum als Parameter oder als Source codiert wird.

In allen Fällen ist es also vorstellbar, dass Anpassungen im Rahmen des Entwurfs oder während der Verarbeitung, im Training oder während der Anwendung erfolgen. Weiter ist es vorstellbar, dass Anpassungen bzw. Ergebnisse für den menschlichen Betrachter interpretierbar sind, oder eben nicht. Darüber hinaus kann eine Kategorisierung anhand der Problemstellung vorgenommen werden. Hier kommt beispielsweise die Herleitung von Abhängigkeiten, Entscheidungsbäumen, Funktionen, Kategorien, Mustern, oder auch Schlussfolgerungen in Betracht.

Nähert man sich diesem Thema, könnte man zu dem Eindruck gelangen, dass entsprechende Techniken vorwiegend auf statistischen Grundlagen basieren und deren Arbeitsweisen ggf. intransparent oder auch nicht-deterministisch sind. So werden in [3] (Kapitel 12 Bestärkendes Lernen) zwei Agenten angeführt, „die mit gleichen Fähigkeiten starten, sich [jedoch] am Schluss deutlich unterschiedlich benehmen". Es wird in Frage gestellt, ob die Agenten im praktischen Einsatz „noch gegen das gleiche Verhalten konvergieren".

Es wird ausgeführt, dass beide Agenten die gleiche Aufgabe haben und, basierend auf der gleichen Architektur neuronaler Netze, über die gleichen Möglichkeiten zum Lernen verfügen. Jedoch bedeutet dies eben nicht, „dass sich beide im Lernprozess gleich entwickeln". Selbst wenn die Parameter des neuronalen Netzes zu Beginn gleich sind, so macht jeder Agent „im Laufe seines Trainings unterschiedliche Erfahrungen, diese bilden wieder den Ausgangspunkt für sein Verhalten, weshalb er erneut andere Erfahrungen macht". Und sinngemäß weiter: Auch wenn das zu lösende Problem einer eindeutigen Lösung entgegenstrebt, kann man durchaus sehr lange ein unterschiedliches Verhalten beobachten. Das dort durch Reinforcement zu lösende Optimierungsproblem kann jedoch auch einem lokalen Optimum entgegenstreben.

Dieses Beispiel skizziert eine Anwendung aus einem weiten Spektrum solcher Techniken. Nehmen wir an, das Experiment zur Anwendung eines neuronalen Netzes läuft nach der Prämisse *Learning-by-doing*. Das Design erfolgt vor einer

Anwendung, das Feedback erhält ein Agent während der Anwendung, besser während eines vorgeschalteten Trainings. Nehmen wir weiter an, dass externe Signale und Feedback sowie die Steuerung von Aktuatoren jeweils direkt mit dem Netz verbunden sind. Sowohl Design als auch Parameter, einschließlich der während des Einsatzes veränderlichen, sind bekannt bzw. können bekannt gemacht werden. Diese sind für einen menschlichen Betrachter zumindest nicht ohne Weiteres interpretierbar.

Sowohl bei [2] (Kapitel 8.4) als auch bei [3] (Kapitel 6) wird das Thema „Lernen von Entscheidungsbäumen" als weitere Anwendungsmöglichkeit beschrieben. Auch bei [9] (Kapitel 4.4) wird das Thema im Kontext des genetischen Programmierens angesprochen. Entscheidungsbäume lassen sich sowohl als Parameter als auch als Source codieren und sind für einen menschlichen Betrachter interpretierbar. Auch hier sind Beispiele vorstellbar, bei denen Entscheidungsbäume hergeleitet, bewertet und für die Anwendung bereitgestellt werden können.

## 2 Entscheidungsbäume

Bei [2] und [3] bzw. in den dort referenzierten Primärquellen [Breiman1984] (CART), [Quinlan1986] (ID3), [Quinlan1993] (C4.5) werden verschiedene Algorithmen zur Generierung von Entscheidungsbäumen vorgestellt. Diese basieren auch auf einer Betrachtung der Entropie von Information nach [Shannon1948] und werden durch Prinzipien wie Pruning (s. [2, 3]) oder Random Forest (s. [Breiman1996], [Breiman2001]) ergänzt.

Bei [2] und [3] finden sich beispielsweise Szenarien, um zu entscheiden, ob jemand mit einem Automobil irgendwohin fährt. Die Verfügbarkeit des Fahrzeugs, das Wetter, die Uhrzeit und der Wochentag sind dabei mögliche Einflussfaktoren. Die Trainingsdaten enthalten jedoch auch einige Datensätze, die vollständig gleich sind oder zumindest über gleiche Eingangsvektoren verfügen und in die Bewertung einfließen können.

Ein Beispiel aus [2] ist in Tabelle 1 dargestellt, jedoch ohne den Anwendungsfall zu illustrieren. Dort werden drei binäre Eingangswerte auf einen binären Zielwert in 11 Datensätzen abgebildet.

Mittels Betrachtung der Entropie von Information wird geprüft, welches Attribut des Eingangsvektors am besten zum Zielvektor passt. Dabei werden gemäß [3] beispielsweise im Rahmen des ID3-Algorithmus für $x_1$ folgende Berechnungen durchgeführt:

$$H(y|x_1) = - \left[ \frac{4}{11} \left[ \frac{4}{4} log2 \left( \frac{4}{4} \right) + \frac{0}{4} log2 \left( \frac{0}{4} \right) \right] + \frac{7}{11} \left[ \frac{2}{7} log2 \left( \frac{2}{7} \right) + \frac{5}{7} log2 \left( \frac{5}{7} \right) \right] \right];$$

Für 4/11 der Datensätze trifft zu: $x_1 = 1$; für 4/4 davon trifft zu: $y = 1$;

Für 7/11 der Datensätze trifft zu: $x_1 = 0$; für 2/7 davon trifft zu: $y = 1$;

Basierend auf entsprechenden Berechnungen für $x_2$ und $x_3$ werden die Datensätze aufgeteilt und eine erneute Betrachtung der bedingten Entropie durchgeführt, und so weiter und so fort.

**Tabelle 1.**

| Nr. | y | $x_1$ | $x_2$ | $x_3$ |
|---|---|---|---|---|
| 1 | 1 | 1 | 1 | 1 |
| 2 | 1 | 1 | 1 | 1 |
| 3 | 1 | 1 | 1 | 0 |
| 4 | 1 | 1 | 0 | 1 |
| 5 | 1 | 0 | 1 | 1 |
| 6 | 1 | 0 | 1 | 1 |
| 7 | 0 | 0 | 1 | 1 |
| 8 | 0 | 0 | 1 | 0 |
| 9 | 0 | 0 | 0 | 1 |
| 10 | 0 | 0 | 0 | 1 |
| 11 | 0 | 0 | 0 | 0 |

Es fällt auf, dass die Datensätze Nr. 1 und 2 gleich sind, ebenso die Datensätze Nr. 9 und 10. Die Eingangsvektoren der Datensätze Nr. 5, 6 und 7 sind ebenfalls gleich, jedoch unterscheidet sich der Zielvektor.

Im Rahmen der weiteren Diskussion soll hier ein vereinfachter Ansatz betrachtet werden: Dieser basiert auf einer Abschätzung der besten Übereinstimmung einzelner Attribute des Eingangsvektors mit dem korrespondierenden Attribut des Zielvektors. Für die Betrachtungen wird mit Tabelle 2 ein neues Beispiel eingeführt. Auf eine Differenzierung des Lernprozesses sowie die Anwendung weiterer Prinzipien wird jedoch verzichtet.

**Tabelle 2.**

| y | $x_1$ | $x_2$ | $x_3$ |
|---|---|---|---|
| 0 | 0 | 0 | 0 |
| 0 | 1 | 0 | 0 |
| 1 | 0 | 1 | 0 |
| 0 | 1 | 1 | 0 |
| 1 | 0 | 0 | 1 |
| 0 | 1 | 0 | 1 |
| 0 | 0 | 1 | 1 |
| 1 | 1 | 1 | 1 |

Mit dem vereinfachten Ansatz werden die Datensätze mit gleichem Eingangsvektor zusammengefasst, jedoch wird jeweils die Gewichtung auf den Wert des Zielvektors vermerkt. Dies wird im Beispiel nicht weiter ausgeführt. Darüber hinaus entfallen die Datensätze mit dem Zielvektor $y = 0$, wie in Tabelle 3 dargestellt.

Tabelle 3.

| y | $x_1$ | $x_2$ | $x_3$ |
|---|---|---|---|
| 1 | 0 | 1 | 0 |
| 1 | 0 | 0 | 1 |
| 1 | 1 | 1 | 1 |
| 3 | 1 | 2 | 2 |

Im nächsten Schritt wird die Übereinstimmung der einzelnen Attribute mit dem Zielvektor ermittelt, um diesen möglichst in der Mitte aufzuteilen. Wie in der letzten Zeile von Tabelle 3 dargestellt, ist $x_1$ exponiert. Dieser ist somit der Kandidat für den Wurzelknoten.

Danach folgt die Betrachtung von $x_2$ und $x_3$ in Abhängigkeit von $x_1$. Da hier nur noch zwei Attribute des Eingangsvektors übrig bleiben, kann das Verfahren anhand Tabelle 4 fortgesetzt werden.

Tabelle 4.

| $x_2$ | $x_3$ | $\text{NOT}(x_2 \text{ OR } x_3)$ | $x_2 \text{ AND NOT}(x_3)$ | $\text{NOT}(x_3)$ | $\text{NOT}(x_2) \text{ AND } x_3$ | $\text{NOT}(x_2)$ | $x_2 \text{ ODD } x_3$ | $\text{NOT}(x_2 \text{ AND } x_3)$ | $x_2 \text{ AND } x_3$ | $x_2 \text{ EVEN } x_3$ | $x_2$ | $x_2 \text{ OR NOT}(x_3)$ | $x_3$ | $\text{NOT}(x_2) \text{ OR } x_3$ | $x_2 \text{ OR } x_3$ |
|---|---|---|---|---|---|---|---|---|---|---|---|---|---|---|---|
| 0 | 0 | 1 | 0 | 1 | 0 | 1 | 0 | 1 | 0 | 1 | 0 | 1 | 0 | 1 | 0 |
| 1 | 0 | 0 | 1 | 1 | 0 | 0 | 1 | 1 | 0 | 0 | 1 | 1 | 0 | 0 | 1 |
| 0 | 1 | 0 | 0 | 0 | 1 | 1 | 1 | 1 | 0 | 0 | 0 | 0 | 1 | 1 | 1 |
| 1 | 1 | 0 | 0 | 0 | 0 | 0 | 0 | 0 | 1 | 1 | 1 | 1 | 1 | 1 | 1 |
| Anzahl der Werte für y = 1 | | | | | | | | | | | | | | | |
| | | 1 | 1 | 2 | 1 | 2 | 2 | 3 | 1 | 2 | 2 | 3 | 2 | 3 | 3 |
| Anzahl der Werte für $x_i$ = 1 wenn y = 1 | | | | | | | | | | | | | | | |
| $x_2$ | | 0 | 1 | 1 | 0 | 0 | 1 | 1 | 1 | 1 | 2 | 2 | 1 | 1 | 2 |
| | $x_3$ | 0 | 0 | 0 | 1 | 1 | 1 | 1 | 1 | 1 | 1 | 1 | 2 | 2 | 2 |

Zwei Sonderfälle sind in Tabelle 4 nicht berücksichtigt, da einerseits „keine Übereinstimmung" bereits ausgeschlossen ist und andererseits aus „vollständiger Übereinstimmung" Unabhängigkeit folgt.

Aufgrund der Anzahl der Werte für $y = 1$ sowie der Anzahl der Werte für $x_i = 1$ kann auf die logische Verknüpfung geschlossen werden. Zwei hier abgebildete Fälle bedürfen jedoch noch zusätzlicher Aufmerksamkeit: Es muss lediglich geprüft werden, ob die beiden Eingangswerte gleich sind.

Generell kann es bei dem Verfahren vorkommen, dass die Abhängigkeiten der beiden folgenden Knoten, hier $x_2$ und $x_3$, gleich sind. Diese Knoten können dann zusammengefasst werden und den Vorgängerknoten, hier $x_1$, ersetzen. Soll eine Möglichkeit zur Rekonstruktion der Logiktabelle gewahrt werden, sollte dies in geeigneter Weise vermerkt werden.

Mit diesem einfachen Ansatz kann die Struktur eines Entscheidungsbaumes abgeschätzt werden, ohne weitere Diskussion rund um die Thematik einer formal optimalen Lösung.

Für das Beispiel folgt daraus:

$$\text{IF } (x_1) \text{ THEN } \{ \text{ y} = x_2 \text{ AND } x_3 \} \text{ ELSE } \{ \text{ y} = x_2 \text{ ODD } x_3 \};$$

Ggf. ist noch die ursprüngliche Gewichtung auf den Wert des Zielvektors zu berücksichtigen oder für relevante Fälle ein weiterer Einflussfaktor zu bestimmen. Im Beispiel ist die beste Übereinstimmung der einzelnen Attribute mit dem Zielvektor eindeutig. Für andere Fälle muss dies so jedoch nicht gelten. Bei diesem Verfahren kann eine Betrachtung der alternativen und der daraus resultierenden Folgen erwogen werden.

# 3   Weitere Merkmale

Anhand der Herleitung von Entscheidungsbäumen können weitere generelle Merkmale nachvollzogen werden. So steht zu Beginn eine Datenmenge mit Eingangs- und Zielvektor bereit. Diese können sich bei anderen Verfahren ggf. in Trainingsdaten, Validierungsdaten und Testdaten aufteilen. Ein primärer Algorithmus wertet diese aus und generiert wiederum einen spezifischen Algorithmus oder korrespondierende spezifische Parameter, welche den Eingangsvektor so verarbeiten können, dass sie den Zielvektor abbilden. Bei der Auswertung der Daten durch den primären Algorithmus wird eine Bewertungsfunktion und ggf. weitere sekundäre Algorithmen genutzt. Sekundäre Algorithmen dienen beispielsweise zur Dämpfung von Rauschen in den Trainingsdaten. Sowohl primäre als auch sekundäre Algorithmen, einschließlich der Bewertungsfunktion, können ggf. parametriert werden. Ergänzt werden muss auch, dass Algorithmen ggf. über Elemente mit statistischer bzw. zufälliger Charakteristik verfügen und somit ggf. zu nicht-deterministischem Verhalten tendieren.

# 4   Zusammenfassung der signifikanten Merkmale

Anhand der vorgestellten Merkmale lassen sich die Techniken einordnen. Einige der Merkmale erscheinen dabei signifikant:

- der computerunterstützte Prozess zur Gewinnung eines problemspezifischen Algorithmus,
- die in-/direkte Kopplung des Prozesses,
- die nicht-/deterministische Charakteristik des spezifischen Algorithmus sowie
- die Möglichkeit zur Interpretation durch einen menschlichen Betrachter.

Ein computerunterstützter Prozess zur Gewinnung eines problemspezifischen Algorithmus bzw. entsprechender Parameter ist also das generische Merkmal dieser Techniken. Zur Entwicklung bzw. Evaluation einer solchen Technik erscheint der bei [9] referenzierte analysebasierte Ansatz bzw. die modifizierte Fischer-Methode sinnvoll.

## 5  Diskussion der Anwendungsmöglichkeiten

Je nach Anwendungsbereich ist eine präzise Abbildung des Zielvektors notwendig oder es ist eine gewisse Unschärfe akzeptabel, ggf. sogar gewünscht. Bei Anwendungsfällen mit hohen Anforderungen an die Präzision kann jedoch davon ausgegangen werden, dass die Anzahl der Einflussfaktoren übersichtlich bleibt. Hier lässt sich ggf. auch eine Analogie zur Physik vermuten. Sind also die Anzahl der Einflussfaktoren bzw. die Anzahl der Attribute des Eingangsvektors überschaubar, kann die Datenmenge auf ihre Vollständigkeit geprüft werden.

Bei hohen Anforderungen an die Präzision können, neben dem computerunterstützten Prozess zur Gewinnung eines problemspezifischen Algorithmus, die folgenden signifikanten Eigenschaften gefordert werden:

- indirekte Kopplung des Prozesses,
- deterministische Charakteristik des spezifischen Algorithmus sowie
- Möglichkeit zur Interpretation durch einen menschlichen Betrachter.

Sind diese Merkmale erfüllt, ist selbst eine Verwendung im Kontext sicherheitsrelevanter eingebetteter Systeme denkbar. Dazu sollen zwei mögliche Szenarien betrachtet werden: Die Generierung von Source-code und die Analyse von Abhängigkeiten während der Anwendung.

Ist ein System zu entwickeln, so ist es insbesondere bei sicherheitsrelevanten eingebetteten Systemen sinnvoll, relevante Eingangssignale und den Ist-Zustand auf den Soll-Zustand vollständig und widerspruchsfrei abzubilden. Hierfür eignen sich beispielsweise Logiktabellen. In diesem Fall wäre ein generischer Algorithmus denkbar, der diese als Bitmuster in der Anwendung verarbeitet. Alternativ ist es jedoch auch möglich, einen entsprechenden Entscheidungsbaum zu generieren und in den Source-code zu übernehmen. Heute geschieht dies anhand entsprechender Anforderungen im Rahmen des Entwicklungsprozesses der eingebetteten Systeme durch einen Software-Entwickler. Dabei zeigen sich zwei Probleme: einerseits der Umgang mit der wachsenden Komplexität im Verlauf der Entwicklung und andererseits der Umgang mit Änderungen im Verlauf der Maintenance-Phase. Prinzipiell mag man meinen, dass dies ein und dasselbe Problem ist: die wachsende Komplexität. Jedoch ist es so, dass während der Entwicklungsphase ein Entwickler noch davon überzeugt ist, die Komplexität zu beherrschen – er hat das notwendige Wissen präsent. Im Rahmen der Maintenance bzw. im Laufe der Zeit wird diese Überzeugung ggf. jedoch schwinden, das Wissen über das System beginnt zu erodieren. Die Konsistenz einer Logiktabelle ist hingegen leicht zu überprüfen und mit Hilfe eines generierten Entscheidungsbaums für einen menschlichen Betrachter gut zu interpretieren.

Ein anderes Szenario ist der Anwendung eines Systems zuzuordnen. Während des Betriebs können Ein- und Ausgangsdaten erfasst werden. Durch das Erfassen und den Vergleich der Daten vieler Systeme und der Zuordnung der Daten zu den Betriebsmodi können Zusammenhänge im Rahmen eines normalen Betriebsablaufs ermittelt werden. Diese können beispielsweise wiederum durch Entscheidungsbäume abgebildet, evaluiert und zu einer Differenzierung des Verhaltens solcher Systeme herangezogen werden. Alternativ ist es auch denkbar, dass entsprechende Rückwirkungen innerhalb enger Grenzen direkt auf das Verhalten solcher Systeme erfolgen.

Beide Szenarien können die Entwicklung von Systemen selbst in kritischen Anwendungsbereichen in einer Art ergänzen, wie sie durch einen menschlichen Entwickler nicht leistbar ist. Dies betrifft sowohl qualitative als auch quantitative Aspekte.

# 6    Ausblick

Das in [8] vorgestellte modellbasierte Prinzip zur „Spezifikation projektspezifischer Software" konnte in einer industriellen Domain mit SIL4-Anforderung realisiert werden. Auf die Abbildung von Zustandsübergängen wurde dabei verzichtet. Die zugrundeliegende Technik wurde jedoch für die Modellierung von Expertenwissen zur Konfiguration von Systemen, und somit zur Unterstützung des Engineerings, angewendet.

Der hier vorgestellte Ansatz zur Generierung eines Entscheidungsbaums kann potentiell auch bei der Konfiguration von Systemen genutzt werden. Ist Expertenwissen hierarchisch abgebildet, können mögliche Konfigurationen nach einer Veränderung des Zielvektors ermittelt werden.

Vorsichtig optimistisch kann gesagt werden, dass sich die Methodik zur modellbasierten Spezifikation in der Praxis bewährt. Die Arbeit an einer dadurch möglichen Konsolidierung der Nachweisführung hat bereits begonnen, die Anwendung der Prinzipien wird im nächsten Schritt auf das Testen erweitert.

## Literaturverzeichnis

1. Daenzer, Huber (Herausgeber); Systems Engineering; 2002; 11. Auflage; Verlag Industrielle Organisation
2. Ertel; Grundkurs Künstliche Intelligenz; 2016; Springer Vieweg
3. Frochte; Maschinelles Lernen; 2018; Hanser Verlag
4. Halang, Konakovsky; Sicherheitsgerichtete Echtzeitsysteme; 2013; Springer Vieweg
5. Helbig; Künstliche Intelligenz und automatische Wissensverarbeitung; 1996; Technik
6. Lehmann; Auswahl und Anwendung von Methoden zur Spezifikation von Anforderungen und Architektur für die SW-Entwicklung gemäß DIN EN 50128 bzw. DIN EN 50657; 2018; Masterarbeit an der FernUniversität in Hagen
7. Spies; Einführung in die Logik; 2004; Spektrum Akademischer Verlag
8. Lehmann; Spezifikation projektspezifischer Software; in: *Echtzeit und Sicherheit*; 2018; Springer Vieweg
9. Weicker; Evolutionäre Algorithmen; 2015; 3. Auflage; Springer Vieweg

# Zur sicheren Vernetzung von Kraftfahrzeugen

Christoph Maget

Fakultät für Mathematik und Informatik
FernUniversität in Hagen, 58084 Hagen
`christoph.maget@studium.fernuni-hagen.de`

**Zusammenfassung.** Durch den Einsatz von Kommunikationstechnik im Fahrzeug- und Verkehrswesen soll eine effizientere Ausnutzung vorhandener Transportinfrastrukturen erreicht werden, indem alle Beteiligten vernetzt und koordiniert werden. In der heterogenen Systemlandschaft von Fahrzeug- und Verkehrstechnikherstellern stellt die Gewährleistung von Interoperabilität bei gleichzeitiger Wahrung grundlegender IT- Schutzziele eine besondere Herausforderung dar. Diese Arbeit stellt eine auf Mobilfunkkommunikation und perfekt sicherer Verschlüsselung basierende Architektur vor, die eine herstellerübergreifende Vernetzung von Fahrzeugen untereinander und mit der Verkehrsinfrastruktur ermöglicht. Dem Problem des Schlüsselnachschubs wird durch Prädistribution und Indizieren von Meldungen begegnet. Es wird gezeigt, dass die Architektur zuverlässige und echtzeitfähige Kommunikation ermöglicht und den Anforderungen an die funktionale Sicherheit nach ISO 26262 genügt.

## 1 Einführung

### 1.1 Notwendigkeit einer Architektur zur Fahrzeugkommunikation

Die Kapazität einer Straße steigt mit höheren Geschwindigkeiten und geringeren Abständen der Fahrzeuge [1]. Diese Größen sind jedoch nicht beliebig optimierbar. Aufgrund der Reaktionszeit des Menschen zur Erfassung und Verarbeitung von (Gefahren-) Situationen dürfen Fahrzeuge gewisse Abstände zu anderen Fahrzeugen nicht unter- sowie Geschwindigkeiten nicht überschreiten.

Digitalrechner dagegen können spezifische Aufgaben, für die sie geschaffen wurden, mit vielfach höherer Geschwindigkeit als ein Mensch bearbeiten. Die daraus resultierenden geringeren Koordinations- und Reaktionszeiten können geringere Fahrzeugfolgeabstände, höhere Geschwindigkeiten und eine optimierte Routenführung ermöglichen. Somit kann eine effizientere Nutzung vorhandener Straßeninfrastrukturen erreicht werden.

Für die notwendige Koordination der Fahrzeuge müssen die beteiligten Digitalrechner kommunizieren. Dieser Informationsaustausch muss sicher und rechtzeitig über den gesamten Verarbeitungsprozess erfolgen.

In der von einer sehr heterogenen Herstellerlandschaft geprägten Fahrzeugindustrie kommt der Definition von Rahmenarchitekturen, Normen und Standards eine große Bedeutung zu. Es ist daher eine allgemein akzeptierte, einheitliche Architektur notwendig, die neben den Fahrzeugen auch Infrastrukturobjekte einbindet und so zu einem cyberphysikalischen Transportsystem (CPTS) vereint.

© Springer Fachmedien Wiesbaden GmbH, ein Teil von Springer Nature 2019
H. Unger (Hrsg.), *Echtzeit 2019*, Informatik aktuell,
https://doi.org/10.1007/978-3-658-27808-3_10

## 1.2   Stand der Technik

Fahrerassistenzsysteme zielen darauf, den Fahrer und dessen Sinneswahrnehmung bei der Erfassung der Umgebung und der Ausführung von Steuerbefehlen zu unterstützen [2]. Laut „Wiener Übereinkommen über den Straßenverkehr" [3] muss jedoch der Fahrer stets die volle Kontrolle über sein Fahrzeug behalten können, weshalb aktuell keine vollautomatisierten Autos im öffentlichen Straßenverkehr zugelassen und keine Steuerbefehle in andere Fahrzeuge übertragen werden. Der Fahrer signalisiert sein beabsichtigtes Verhalten über einen Aktor (z. B. Fahrtrichtungsanzeiger), was von einem anderen Fahrer wahrgenommen und seinerseits in Steuerbefehle umgesetzt wird. Dieser bestehende analoge Informationsfluss zwischen zwei Fahrzeugen ist in der folgenden Abbildung 1 als senkrechter Pfeil dargestellt.

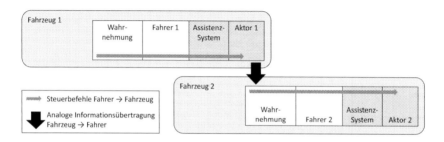

**Abb. 1.** Aktueller Informationsfluss zwischen Fahrzeugen

Kommunikationssysteme für den digitalen Informationsfluss zwischen zwei Fahrzeugen sind aktueller Forschungsgegenstand. Die Übertragung auf den OSI-Schichten 1 und 2 kann entweder in Anlehnung an IEEE 802.11p („ITS G5" [4], „Ad-hoc-Topologie") oder in Anlehnung an das GSM (LTE [5], „Infrastruktur-Topologie") implementiert werden. Auch auf den höheren Schichten des OSI-Modells existieren Datenmodelle für den Nachrichtenaustausch zwischen Kraftfahrzeugen, beispielsweise die Spezifikationen der Meldungsformate „CAM" und „DENM" [6]. Diese beinhalten grundlegende Anforderungen an die Sendefrequenz und die zu verwendenden Einheiten, Dateninhalte werden jedoch abgesehen von allgemeinen Informationen nicht spezifiziert und die Umsetzung der Informationssicherheit wird der Anwendung überlassen.

Die Informationssicherheit lässt sich grundsätzlich mit asymmetrischen oder symmetrischen Verfahren implementieren. Asymmetrische Verfahren können mit ausreichend Kapazitäten (Zeit bzw. Rechenleistung) immer gebrochen werden, da der mathematische Zusammenhang zwischen privatem und öffentlichem Schlüssel bekannt ist. Zudem sind sie anfällig für Seitenkanalangriffe, da ohne Schlüsselaustausch über einen sicheren Kanal keine Authentifizierung möglich ist („Man-in-the-Middle Angriff") [7]. Mit WEP und A5 (GSM) wurden bereits zwei bis dahin als sicher geltende symmetrische Verschlüsselungsverfahren gebrochen [8, 9]. Es muss daher im Allgemeinen davon ausgegangen werden, dass auch aktuell als sicher geltende symmetrische Verschlüsselungsverfahren (z. B. AES, WPA) nicht dauerhaft die o. g. Schutzziele werden erfüllen können. Nachweislich nicht brechbar ist die perfekt sichere Verschlüsselung mittels korrekt implementierter Einmalverschlüsselung [10]. Die zu lösenden Hindernisse sind die Schlüsselerzeugung und der Schlüsselaustausch, um Schlüsselnachschub sicherzustellen [11].

Mit vordefinierten Meldungen arbeitet die Anwendung „Traffic Message Channel (TMC)" [12]. Dabei werden aktuelle Status zur Verkehrsinformation im nicht hörbaren Bereich des UKW-Signals gesendet, die nach dem Empfang ausführlichen vorgespeicherten Nachrichten zugeordnet werden.

Informationen innerhalb vorhersehbarer Intervalle zu übertragen und zu verarbeiten ist die Aufgabe von Echtzeitsystemen. Echtzeitbetrieb bedeutet, „dass die Verarbeitungsergebnisse innerhalb einer vorgegebenen Zeitspanne verfügbar sind" [13], wobei zusätzlich zwischen "harten" und „weichen" Echtzeitanforderungen abgestuft wird [14].

### 1.3 Beitrag und Abgrenzung der vorliegenden Arbeit

In der vorliegenden Arbeit wird eine allgemein zugängliche Architektur zur Vernetzung von Fahrzeugen untereinander und mit der Infrastruktur vorgestellt. Sie basiert auf standardisierten Lösungen aus Kryptologie und Kommunikationstechnik und ist damit unabhängig von herstellerspezifischen Paradigmen. Sie löst das beschriebene Problem unsicherer Verschlüsselung und implementiert einen sicheren Kanal für den Schlüsselaustausch. Damit wird ein perfekt sicher verschlüsselter Nachrichtenaustausch zwischen Fahrzeugen unter Wahrung von Echtzeitanforderungen ermöglicht.

Eine Analyse von Anwendungsszenarien liefert Anforderungen an die Architektur und die zu übertragenden Daten. Aus diesen Anforderungen wird eine Architektur mit den zu übertragenden Daten spezifiziert. Mit dem Verschlüsselungsverfahren werden Schlüsselbedarf, -erzeugung und -verteilung geregelt.

Die vorliegende Arbeit befasst sich mit der Kommunikation zwischen Fahrzeugen. Vorgänge innerhalb einzelner Fahrzeuge, die sich bei der Vernetzung lokaler Komponenten abspielen, werden nur peripher behandelt.

## 2 Anwendungsanalyse

Engpässe oder Störungen im Verkehrsablauf treten auf, wenn die verfügbare Kapazität der Straße erreicht oder überschritten wird. Im Folgenden werden Szenarien vorgestellt, in denen die Kapazitätsgrenze durch optimale Koordination der Fahrzeuge erhöht werden soll. Zur Koordination müssen die Fahrzeuge Meldungen austauschen.

## 2.1  Anwendungsszenarios

**Abstandsregelung zwischen Fahrzeugen** Fahrzeugabstände können nicht beliebig verkleinert werden. Zur Minimierung müssen die Geschwindigkeiten und Fahrtrichtungen des Fahrzeugkollektivs aufeinander abgestimmt sein, um Kollisionskurse durch geeignete Maßnahmen wie Ausweichmanöver oder Geschwindigkeitsanpassungen rechtzeitig zu korrigieren.

Die benötigten Informationen zu Abständen und Geschwindigkeitsvektoren können mit fahrzeugeigenen Sensoren erfasst oder aus Positionsmeldungen von benachbarten Kraftfahrzeugen gewonnen werden. Die Parameter von Fahrzeugen, die nicht zur Kommunikation fähig sind, werden von infrastrukturseitigen Sensoren erfasst. Diese Meldungen müssen zuverlässig und sicher übertragen werden und harten Echtzeitanforderungen genügen.

**Warnung vor Stau und Unfällen** Von Störungen im Verkehrsablauf wie Stauungen oder Unfällen gehen neben Kapazitätseinschränkungen auch Gefahren aus, insbesondere wenn sich der Ereignisbereich an schwer einsehbaren Stellen befindet. Die Fahrzeugkommunikation kann eine frühzeitige Warnung vor dem Ereignis liefern.

Die benötigten Informationen zu Position und Ausdehnung der Störung können aus Meldungen von bereits involvierten Kraftfahrzeugen gewonnen werden. Außerdem eignen sich infrastrukturseitige Sensoren zur Erfassung solcher Situationen. Die Meldungen müssen zuverlässig und sicher übertragen werden und dabei harten Echtzeitanforderungen genügen.

**Streckenführung in Arbeitsstellen** Bei der Einrichtung von Baustellen kann sich die Streckenführung temporär ändern. Diese Abweichung von der normalen Streckenführung muss den betroffenen Fahrzeugen mitgeteilt werden, da die normale Streckenführung blockiert sein kann und somit Kollisionen drohen.

Die notwendigen Informationen zu Markierungen und Absperrungen müssen zuverlässig und sicher übertragen werden. Die Echtzeitanforderungen an die Übertragung sind weich, da das Fahrzeug bei Nichtvorliegen einer Meldung die blockierte Streckenführung auch mit Bordsensorik erfassen und in einen sicheren Zustand überführt werden kann.

**Optimale Nutzung von Alternativrouten** Häufig stehen für die Wahl der Reiseroute mehrere Alternativen zur Verfügung. Kommt es zu hoher Auslastung oder Überlastung einzelner Streckenabschnitte, kann eine Umleitung sinnvoll sein. Dabei muss eine räumlich und zeitlich optimierte Verteilung der Verkehrsmenge auf das verfügbare Streckennetz erfolgen.

Ein entsprechender Algorithmus benötigt die Informationen Start, Ziel und gewünschte Ankunftszeit der Fahrzeuge, um eine globale Optimierung vorzunehmen. Die Daten zu den empfohlenen Routen müssen offen zugänglich sein. Die Übertragung muss weichen Echtzeitanforderungen genügen.

**Parkraummanagement** Ein nicht unerheblicher Teil der Verkehrsleistung, insbesondere im urbanen Raum, entfällt auf den Parksuchverkehr. Eine Möglichkeit, diesen zu reduzieren, stellt das optimierte Zusammenführen von Angebot und Nachfrage dar. Voraussetzung ist, dass freie Parkplätze erfasst und zu den suchenden Fahrzeugen übertragen werden.

Die benötigten Informationen zu Koordinaten und weiteren Parametern eines Parkplatzes stammen aus einer Datenbank, der Status wird mit Sensoren vor Ort ermittelt. Die Informationen müssen offen zugänglich sein, wobei auch eine Erweiterung um Bezahlmodelle wie ein Reservierungssystem möglich sein soll. Die Übertragung muss weichen Echtzeitanforderungen genügen.

## 2.2   Anforderungen an die Kommunikationsarchitektur

Die definierten Szenarien führen zusammenfassend zu folgenden Anforderungen an eine einheitliche Kommunikationsarchitektur.

**Verfügbarkeit** Das Netzwerk muss zuverlässig verfügbar sein. Eine verzögerte oder fehlerbehaftete Übermittlung, beispielsweise von Meldungen zur Abstandsregelung, kann zu Kollisionskursen mit anderen Fahrzeugen und damit Gefahrensituationen führen. Zudem muss permanent eine ausreichende Übertragungsbandbreite zur Verfügung stehen.

**Sicherheit** In drahtlos realisierten Kommunikationslösungen kommt der informationstechnischen Absicherung des Datenaustauschs eine besondere Bedeutung zu. Nachrichten dürfen nur von autorisierten Empfängern gelesen und müssen korrekt authentisiert werden können. Die Architektur muss daher die zentralen Schutzziele Vertraulichkeit, Verfügbarkeit und Integrität erfüllen. Eine Injektion von beispielsweise gefälschten Abstandswerten kann zu Kollisionskursen mit anderen Fahrzeugen führen.

**Echtzeitfähigkeit** Alle Meldungen müssen innerhalb definierbarer Zeitspannen übertragen und verfügbar gemacht werden können. Eine nicht rechtzeitige Übermittlung von beispielsweise detektierten Hindernissen kann zu Kollisionen führen, wenn die Meldung über eine blockierte Fahrspur nicht rechtzeitig vorliegt. In sicherheitsrelevanten Szenarien müssen harte, in Szenarien zur Optimierung müssen weiche Echtzeitanforderungen erfüllt werden können.

**Offenheit** Verschiedene Hersteller müssen sich an der Architektur beteiligen können. Diese muss daher aus offenen Standards aufgebaut sein. Eine unvollständige Integration der potentiell heterogenen Fahrzeugflotte kann zu Gefahren führen, wenn Meldungen aufgrund von Inkompatibilitäten nicht empfangen oder verarbeitet werden können. Zudem ist dann keine globale Optimierung möglich, da die erzeugten Meldungen nicht alle Fahrzeuge erreichen.

# 3   Entwurf einer Kommunikationsarchitektur zur sicheren Fahrzeugkommunikation

Die Anforderungen lassen sich nur mit einer hierarchisch strukturierten Architektur erfüllen, die durch die folgenden Merkmale gekennzeichnet ist:

- Schlüsselerzeugung durch eine vertrauenswürdige Stelle
- Netzwerktopologie im Infrastrukturmodus
- Schlüsselverteilung über separaten, sicheren Kanal

Abbildung 2 veranschaulicht die wesentlichen Elemente bei der Kommunikation zwischen zwei Fahrzeugen $F_1$ und $F_2$. Die Relaisstation $R$ (kurz: „Relais") steht symbolisch für die infrastrukturseitigen Architekturkomponenten.

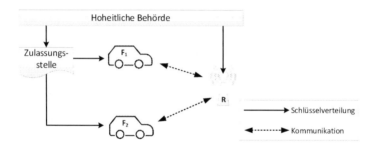

**Abb. 2.** Maßgebliche Elemente der Gesamtarchitektur

## 3.1   Netzstruktur und Schlüsselerzeugung

Durch die Beteiligung beweglicher Objekte kommt nur eine drahtlose Vernetzung in Betracht. Die Topologie *ohne* Beteiligung eines Relais erlaubt den Nachrichtenaustausch zwischen Fahrzeugen direkt ($F_1 \Rightarrow F_2$) oder mit selbigen als Zwischenstation ($F_1 \Rightarrow F_o \Rightarrow ... \Rightarrow F_p \Rightarrow F_2$). Da die Anzahl der benötigten Zwischenstationen $F_n$ vor dem Senden nicht bekannt ist, ist die logische Länge der Übertragungsstrecke nicht vorhersehbar. Zudem können einzelne Teilnehmer auf der Kommunikationsstrecke den Nachrichtentransport willentlich oder mangels Verarbeitungskapazität verzögern. Eine Topologie ohne Relais kann daher keinen Echtzeitanforderungen genügen. Bei einer Topologie *mit* Relaisstation werden Nachrichten immer von einem Sender zu einem Relais übertragen und zum Empfänger weitervermittelt ($F_1 \Rightarrow R \Rightarrow F_2$). Das Relais repräsentiert die infrastrukturseitige Kommunikationsinfrastruktur mit definierten Parametern hinsichtlich Übertragungszeit und Sicherheit. Es handelt sich somit logisch stets um zwei Übertragungsstrecken, $F_1 \Rightarrow R$ und $R \Rightarrow F_2$. Da die Übertragungsge-schwindigkeit und die Entfernung zwischen Sender und Empfänger bestimmbar sind, kann die Zeit, die eine Nachricht für diese Übertragung maximal benötigt, bestimmt werden. Die maximal zulässigen Abstände zwischen den Relaisstationen ergeben sich damit aus den Zeitanforderungen. Beim Schlüssel, auch als „Maske" bezeichnet, handelt es sich um eine Zeichenfolge, die mit der Nachricht logisch verknüpft wird und diese damit für unberechtigte Empfänger unleserlich macht. Die Schlüssel werden an zentraler Stelle durch einen echten Zufallsprozess erzeugt. Jede Nachricht wird vom Sender verschlüsselt an das Relais geschickt, dort entschlüsselt und neu für den Empfänger verschlüsselt.

### 3.2   Kommunikationsteilnehmer und Schlüsselverteilung

Alle Kommunikationsteilnehmer, also Fahrzeuge, Infrastrukturobjekte und Relais, werden von einer hoheitlichen Behörde authentifiziert. Der hierzu notwendige physische Erstkontakt wird als sicherer Kanal zur Versorgung mit dem ersten Schlüsselsatz sowie mit der aktuell gültigen Version vordefinierter Meldungen genutzt. Dieser Prozess stellt somit zugleich die Autorisierung dar. Obligatorische Wartungsprozesse im weiteren Lebenszyklus dienen der Versorgung mit weiteren Schlüsseln und aktualisierten Versionen vordefinierter Meldungen. Die Übertragung kann jeweils mittels Smartcard oder USB-Stick erfolgen.

Da der verschlüsselte Datenaustausch zwischen Fahrzeug und Relais erfolgt, hat die Anzahl der Schlüsselpaare die Ordnung $\mathcal{O}(n)$. Im Gegensatz dazu hätte die Anzahl der Schlüsselpaare bei der direkten Kommunikation die Ordnung $\mathcal{O}(n^2)$, da jedes Fahrzeug die Schlüssel von jedem anderen Fahrzeug benötigt. Bei der Erweiterung um ein weiteres Fahrzeug muss somit nur ein neuer Schlüsselsatz erzeugt werden, der jeweils an das neu zugelassene Fahrzeug und die Relais verteilt wird.

### 3.3   Nutzdaten und Meldungen

Die Nutzdaten können aus einer beliebigen binären Zeichenfolge bestehen und beinhalten die von den Anwendungen benötigten Meldungen. Die zu übertragenden Daten werden jedoch minimiert, indem ein größtmöglicher Teil der Meldungen vordefiniert und bei Sender und Empfänger in indizierten Codebüchern hinterlegt wird. Auf diese Weise muss im Nutzdatenteil nur der der Meldung zugeordnete Index gesendet und beim Empfänger der Meldung zugeordnet werden.

Die Meldungen lassen sich in drei Typen einteilen: Statische, quasistatische und dynamische Meldungen. Eine statische Meldung liegt vor, wenn die Information unabhängig vom empfangenen Fahrzeug bekannt ist, wie eine Baustelle, die mit zeitlichem Vorlauf geplant wird. Eine quasistatische Meldung liegt vor, wenn das empfangende Fahrzeug die Information beeinflusst, wie ein Parkplatz, der vom Fahrzeug belegt werden kann. Eine dynamische Meldung liegt vor, wenn die Information einen sich stetig ändernden Wert annehmen kann, wie der Abstand zwischen zwei Fahrzeugen.

Die Meldung ist vordefinierbar, wenn der Inhalt diskrete Zustände annehmen kann und sich somit indizieren lässt. Dynamische Meldungen können daher nicht vordefiniert werden. Die Echtzeitbedingungen der Datenübertragung sind weich, wenn das Fahrzeug auch ohne den Empfang der Meldung, allein durch bordeigene Sensoren, in einen sicheren Zustand überführt werden kann. Die Verschlüsselung ist bei allen Typen notwendig, da dadurch die Nachricht authentifiziert wird. Tabelle 1 fasst die Szenarien anhand dieser Kriterien zusammen.

**Tabelle 1.** Übersicht der Meldungstypen und ihrer Eigenschaften

| Szenario | Meldungstyp | Echtzeitbedingungen | vordefinierbar |
|---|---|---|---|
| Abstandsregelung | dynamisch | hart | nein |
| Stau | dynamisch | hart | nein |
| Arbeitsstelle | statisch | weich | ja |
| Routenoptimierung | quasistatisch | weich | nein |
| Parkraummanagement | quasistatisch | weich | ja |

## 3.4    Nachrichtenverschlüsselung und -übertragung

Jede Nachricht besteht aus einem Klartextteil und einem maskierten Teil, dargestellt in der folgenden Abbildung 3.

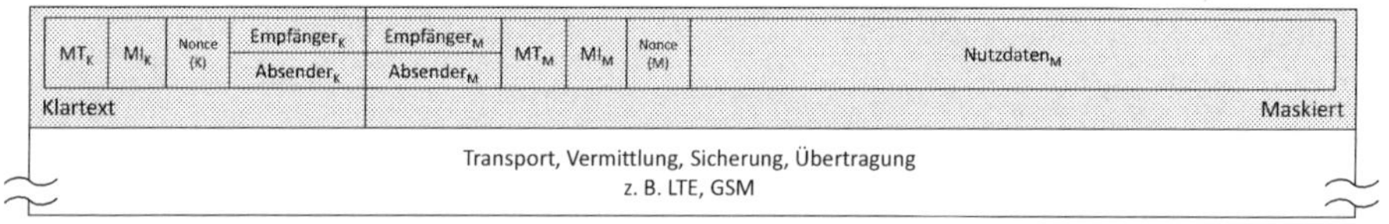

**Abb. 3.** Nachrichtenstruktur; MT: Meldungstyp, MI: Maskenindex, jeweils (K)lartext oder (M)askentext

Der Klartextteil enthält die Adresse von Absender und Empfänger, einen Maskenindex, den Meldungstyp und einen vom Absender beliebig festgelegten Nonce. Die Nutzdaten werden zusammen mit einer Kopie des Klartextteils symmetrisch per Einmalverschlüsselung maskiert. Der Meldungstyp kann für eine Priorisierung der Meldung genutzt werden. Der Maskenindex wird benötigt, damit der Empfänger den richtigen Schlüssel auswählen kann, mit dem die Nachricht symmetrisch verschlüsselt wurde. Der Nonce dient als Prüfsumme. Nach der Entschlüsselung prüft der berechtigte Empfänger durch einen Vergleich der im Klartextteil und im maskierten Teil identischen Elemente die Integrität und den korrekten Empfang der Nachricht.

# 4  Evaluierung der Architektur

Zum Einsatz in der Fahrzeugtechnik muss die Architektur („Item") den Anforderungen an die funktionale Sicherheit nach ISO 26262 [15] genügen. Dies ist der Fall, wenn sie und alle ihre Teilsysteme die Sicherheitsziele des zugehörigen Automotive Safety Integrity Level (ASIL) erfüllen [16].

## 4.1  Konzeptphase

Die Gefährdungs- und Risikoanalyse (G&R) umfasst die Prüfung der Schutzziele der Informationssicherheit Vertraulichkeit, Integrität und Verfügbarkeit. Durch Verwendung der perfekt sicheren Verschlüsselung können Vertraulichkeit und Integrität der Meldungen garantiert werden. Die Verfügbarkeit wird auch durch das Übertragungsmedium bestimmt. Die Architektur kann beim Übertragungsausfall im Fahrzeug eine Meldung generieren, dass dieses in einen sicheren Zustand (z. B. Halten) überführt werden muss.

## 4.2  Systemebene

Ein Rechte- und Rollenmodell verhindert die Integration von nicht autorisierten Elementen in die Architektur. Die Entscheidung hierüber trifft eine vertrauenswürdige Behörde. Nur autorisierte Fahrzeuge werden in den Distributions- und Updateprozess für die Versorgung mit Schlüsseln und Codebüchern aufgenommen. Eine Revokation erfolgt aktiv auf Ebene des Relais oder passiv spätestens mit Erschöpfung des Schlüsselreservoirs beim Fahrzeug; die Einmalverschlüsselung dient damit auch als organisatorisches Sicherheitsmerkmal.

## 4.3  Hardwareebene

Der sichere Kanal für den Schlüsselaustausch wird durch physischen Kontakt bei turnusmäßigen Wartungen hergestellt. Auf eine Ende-zu-Ende Verschlüsselung zwischen den Fahrzeugen wird zugunsten der Skalierbarkeit verzichtet. Voraussetzung hierzu ist, dass kein Element auf dem Übertragungsweg kompromittiert wird. Insbesondere das Relais muss als „Single Point of Failure" in besonderer Weise abgesichert werden. Dies wird durch den Einsatz nicht-hackbarer Rechnerarchitekturen, insbesondere auch in den mobilen Einheiten, erreicht [17].

## 4.4  Softwareebene

Neben der Übertragung der zuvor genannten Konzepte auf die Softwarearchitektur werden sicherheitsrelevante Funktionen soweit möglich auf das Relais übertragen. Zum einen implementiert das Relais die Broadcast-Funktion, indem der Sender den Empfängerkreis mitteilt und das Relais die anschließend notwendige serielle Verschlüsselung und den Versand übernimmt. Zum anderen nimmt das Relais die Rolle eines Moderators ein, der die Nutzung der Kommunikationsressource überwacht. Hierzu zählt die Filterung von „Spam" und die mögliche Einrichtung eines Bezahlmodells zur Abrechnung pro übertragenem Bit.

## 5    Fazit und Ausblick

In dieser Arbeit wurde eine Architektur für den echtzeitfähigen Datenaustausch zwischen Kraftfahrzeugen vorgestellt. Sie greift das Konzept der perfekt sicheren symmetrischen Einmalverschlüsselung wieder auf, indem moderne Übertragungstechnik und Massenspeicher das bisher bestehende Problem des Schlüsselnachschubs lösen.

Die Spezifikation von konkreten Szenarien ermöglicht eine teilweise Vordefinition von Meldungen, was die zu übertragende Datenmenge deutlich reduziert. Hohe Skalierbarkeit ermöglicht die Erweiterung um zusätzliche Fahrzeuge und Anwendungsfälle im laufenden Systembetrieb.

Mit der vorgestellten Architektur steht eine Lösung zur Kommunikation zwischen Fahrzeugen auch verschiedener Hersteller zur Verfügung. Die Architektur genügt den Anforderungen an die funktionale Sicherheit und kann in der Fahrzeugindustrie eingesetzt werden.

## Literaturverzeichnis

1. Peter Schick: Einfluss von Streckenbeeinflussungsanlagen auf die Kapazität von Autobahnabschnitten sowie die Stabilität des Verkehrsflusses; Institut für Straßen- und Verkehrswesen der Universität Stuttgart (2003)
2. Hermann Winner: Handbuch Fahrerassistenzsysteme; Springer Vieweg (2015)
3. Secretary-General of the United Nations: Convention on Road Traffic; United Nations Treaty Collection (2016)
4. Daniel Jiang, Luca Delgrossi: Towards an International Standard for Wireless Access in Vehicular Environments; IEEE Vehicular Technology Conference (2008)
5. Martin Sauter: From GSM to LTE-Advanced Pro and 5G; Wiley (2017)
6. ETSI: Intelligent Transport Systems (ITS), Vehicular Communications, Basic Set of Applications; European Telecommunications Standards Institute (2010)
7. Christof Paar: Understanding Cryptography; Springer (2011)
8. Scott Fluhrer, Itsik Mantin, Adi Shamir: Weaknesses in the Key Scheduling Algorithm of RC4 *in* Selected Areas in Cryptography; Springer (2001)
9. Alex Biryukov, Adi Shamir, David Wagner: Real Time Cryptanalysis of A5/1 on a PC *in* Fast Software Encryption; Springer (2001)
10. Dirk Rijmenants: The Complete Guide to Secure Communications with the One Time Pad Cipher; Cipher Machines and Cryptology (2014)
11. Friedrich L. Bauer: Entzifferte Geheimnisse; Springer (2000)
12. ISO 14819: Intelligent transport systems – Traffic and travel information messages via traffic message coding; Beuth Verlag, Berlin (2014)
13. ISO 2382: Informationstechnologie – Vokabularien; Beuth Verlag, Berlin (2015)
14. Wolfgang A. Halang, Rudolf M. Konakovsky: Sicherheitsgerichtete Echtzeitsysteme; Springer (2013)
15. ISO 26262: Straßenfahrzeuge - Funktionale Sicherheit; Beuth Verlag, Berlin (2018)
16. Vera Gebhardt, Gerhard M. Rieger, Jürgen Mottok, Christian Gießelbach: Funktionale Sicherheit nach ISO 26262; dpunkt.verlag Heidelberg (2013)
17. Wolfgang A. Halang, Robert Fitz: Nicht hackbare Rechner und nicht brechbare Kryptographie; Springer Vieweg (2018)

# Condition Monitoring System in Lua unter RTOS-UH

Tobias Aretz, Jan Bartels und Dennis Göbel

Siempelkamp Maschinen- und Anlagenbau GmbH
Siempelkampstraße 75, 47803 Krefeld
{tobias.aretz|jan.bartels|dennis.goebel}@siempelkamp.com

**Zusammenfassung.** Die Verfügbarkeit einer Anlage stellt für die Betreiber eine wichtige wirtschaftliche Größe dar. Ungeplante Stillstände verursachen hohe Kosten durch Produktionsausfall. Solche Probleme können vielfach vermieden werden, wenn der Zustand von Verschleißkomponenten genau bekannt ist. Durch messtechnische Überwachung dieser Komponenten lassen sich Aussagen darüber treffen, wann sich Teile ihrer Verschleißgrenze nähern und eine Wartung der Anlage zum Tausch der Bauteile notwendig wird. Dieser Beitrag beschreibt die Implementierung eines Condition Monitoring Systems in der Scriptsprache Lua unter dem Echtzeitbetriebssystem RTOS-UH.

## 1  Einleitung

Der Siempelkamp Maschinen- und Anlagenbau fertigt Anlagen für die Span- und Faserplattenherstellung. Das Kernstück der Anlage ist die sogenannte ContiRoll-Presse. Diese kontinuierlich arbeitende Doppelbandpresse fährt beleimte Holzspäne zwischen zwei Stahlbändern durch die Maschine und verpresst sie dabei. Die Stahlbänder laufen auf Rollstäben über die Heizplatten und übertragen so die thermische Energie in die Holzspäne. Unter dem Temperatureinfluss härtet der Leim aus, so dass eine endlose Platte entsteht, die hinter der Presse in die gewünschte Länge gesägt wird (Abb. 1)

Bestimmte Anlagenkomponenten verschleißen im Betrieb. Überschreiten Komponenten ihren zulässigen Verschleißgrad, vermindert sich unter Umständen die Produktqualität der hergestellten Platten oder es besteht sogar die Gefahr eines Maschinenschadens. In solchen Fällen muss die Produktion unterbrochen werden, um die Maschine zu reparieren. Sofern die benötigten Ersatzteile nicht vorrätig sind, kann es zu längeren Stillständen kommen, die einen hohen Produktionsausfall bedeuten. Ziel des Condition Monitorings ist es deshalb, durch kontinuierliche Überwachung von Komponenten deren Verschleißzustand zu ermitteln. Nähern sich die Komponenten ihren Verschleißgrenzen, signalisiert das Condition Monitoring dem Anlagenbetreiber, dass eine Instandhaltung bald notwendig wird. Diese Meldung erfolgt mit entsprechendem zeitlichem Vorlauf, so dass der notwendige Wartungsstillstand in der Produktionsplanung berücksichtigt werden kann. Gleichzeitig lassen sich bereits im Vorfeld die notwendigen Ersatzteile beschaffen. Auf diese Weise erhöht Condition Monitoring die Anlagenverfügbarkeit. Es schützt indes nicht vor spontanen Bauteiledefekten.

© Springer Fachmedien Wiesbaden GmbH, ein Teil von Springer Nature 2019
H. Unger (Hrsg.), *Echtzeit 2019*, Informatik aktuell,
https://doi.org/10.1007/978-3-658-27808-3_11

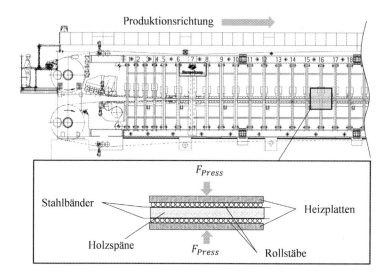

**Abb. 1.** Seitenansicht einer ContiRoll-Presse

# 2    Condition Monitoring

## 2.1    Zustandsüberwachung der ContiRoll

Für die erste Ausbaustufe sind einige typische Verschleißerscheinungen an der ContiRoll-Presse ausgesucht worden. Hierzu zählen:

- Lager- und Getriebeverschleiß der Hauptantriebe
- Lagerverschleiß von Bandunterstützungsrollen
- Längung der Rollstabketten
- Verschleiß von druckbelasteten Isolationen
- Verschleiß und Undichtigkeiten in der Hydraulik

Der Verschleiß der verschiedenen Komponenten, der sogenannten Assets, kann z. T. nicht unmittelbar gemessen werden. Stattdessen werden andere physikalische Größen messtechnisch erfasst und nach bestimmten bauteilabhängigen Modellen zu sogenannten Key Performance Indicators (KPI) verknüpft. Anhand dieser KPIs trifft das Condition Monitoring System (CMS) schließlich Aussagen über den Verschleißzustand der Komponenten. Vielfach geht neben den Messwerten auch der Betriebszustand der Anlage in die Beurteilung ein. So können z. B. wichtige Prozessgrößen wie Drücke, Temperaturen oder Geschwindigkeiten die Messgrößen und die KPIs beeinflussen.

Aufgrund der komplexen Zusammenhänge in der Maschine lassen sich kaum exakte mathematische Abhängigkeiten formulieren. Deshalb zeichnet das CMS die Messgrößen, die berechneten Werte der KPIs und die Prozessgrößen kontinuierlich in einer Zeitreihendatenbank auf. Der Beurteilungsalgorithmus lernt aus den historischen Daten die zulässigen Wertebereiche der KPIs und kann diese so auch für unbekannte Betriebszustände vorhersagen. Überschreitet ein KPI die berechneten Grenzwerte, löst das CMS eine Warnung oder einen Fehler aus und informiert den Anlagenbetreiber auf verschiedenen Wegen (HMI, E-Mail, SMS etc.). Die KPIs werden auf einer Weboberfläche grafisch mit ihren aktuellen Zuständen sowie ihrer Historie dargestellt. Eine Cloud-Anbindung ermöglicht zusätzlich die anlagenübergreifende Anzeige von Anlagenzuständen.

Das CMS arbeitet rein beobachtend. Es führt keinen Eingriff in den Prozess durch, indem es z. B. die Produktion bei Überschreitung der Verschleißgrenzen stoppt. Derartige Entscheidungen bleiben dem Bedienpersonal der Anlage vorbehalten.

## 2.2  Beispiel Isolationskassetten

Wie bereits in Abbildung 1 dargestellt ist, drücken die Hydraulikzylinder auf die obere Heizplatte, während die untere Heizplatte fest mit den Rahmen verbunden ist. An den Kontaktstellen zwischen der unteren Heizplatte und den Pressenrahmen liegen Isolationskassetten, um den Wärmefluss aus den Heizplatten in die umliegende Struktur zu verringern. Dadurch liegt die untere Isolation jedoch im Kraftfluss der Presse und nimmt die von den Hydraulikzylindern aufgebrachten Kräfte auf (Abb. 2).

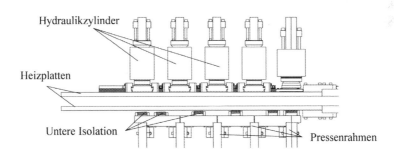

**Abb. 2.** Seitenansicht der Isolationskassetten

Durch die mechanische und thermische Belastung kommt es bei der unteren Isolation zu Materialabbau. Die Dicke der Isolationskassetten nimmt über die Betriebsdauer der Presse kontinuierlich ab. Die Geschwindigkeit, mit der dieser Verschleißvorgang abläuft, ist abhängig von der Betriebsweise der Presse, den hergestellten Produkten, den genutzten Rohstoffen sowie anderen Einflussfaktoren.

Dieser Verschleißvorgang führt langfristig zu Schäden aus folgenden Kategorien:

1. Durch Unterschreiten der mechanisch notwendigen Mindesthöhe kommt die Heizplatte in Kontakt zu anderen Bauteilen. Die Aufgabe der thermischen Trennung von Heizplatte und umliegenden Bauteilen wird nicht mehr erfüllt.
2. Durch unterschiedliche Dicken der Isolationen liegt die Heizplatte nicht mehr waagerecht auf. Die Heizplattenoberfläche wird wellenförmig verformt. Diese Verformung hat negative Einflüsse auf das Produkt und führt zu beschleunigtem Verschleiß weiterer Bauteile.

Das Ziel der Isolationsüberwachung ist es, den Verschleiß hinsichtlich der beiden relevanten Schadenskategorien zu erfassen und zu quantifizieren. Dies wird durch die Bildung der folgenden Zustandsindikatoren erreicht:

1. Höhenreserve links einer Isolationskassette
2. Höhenreserve rechts einer Isolationskassette
3. Höhendifferenz zwischen der linken und der rechten Seite einer Isolationskassette
4. Höhendifferenz einer Isolationskassette zur in Arbeitsrichtung nachfolgenden Kassette
5. Modellierung des gesamten Höhenprofils über alle Messstellen hinweg

Um diese KPIs berechnen zu können, werden an den Isolationskassetten jeweils zwei Wegaufnehmer installiert, die die Dicke der Kassette am linken und rechten Ende erfassen (vgl. Abb. 3).

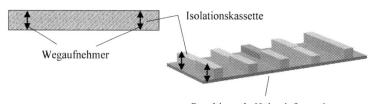

**Abb. 3.** Messung der Isolationshöhe mit zwei Sensoren je Kassette

Eine solche Messstelle geht in diesem Fall in die Bestimmung von fünf Schadensindikatoren ein. Die gesamte Isolation, die alle Isolationskassetten umfasst, wird durch einen Baum gemäß Abbildung 4 modelliert.

Das Beispiel der Isolation zeigt greifbar, welche Betrachtungen bei der Umsetzung einer Zustandsüberwachung nach dem eingangs beschriebenen Schema anzustellen sind. Während jedoch zur Überwachung der Isolation keine zeitkritischen Operationen notwendig sind, erfordern Komponenten, welche im Betrieb in Bewegung sind (Elemente des Antriebs, Bandunterstützungsrollen, Rollstabketten), häufig Messwerterfassungen und Verarbeitungen in schnelleren Zyklen oder mit hoher Synchronität. So müssen z. B. bei den Bandunterstützungsrollen, die das Stahlband abstützen, Drehgeber zur Schlupferkennung erfasst und zusammen

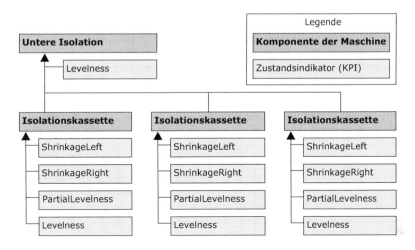

**Abb. 4.** Modellierung der Maschine als Assets-Baum mit Zustandsindikatoren

mit den Istwerten aus der Antriebstechnik ausgewertet werden. Ebenso lassen sich aus dem Zusammenhang zwischen der Umlaufposition der Rollstabketten und der Regeleingriffe Aussagen über den Verschleiß ableiten. Diese zeitkritischen Szenarien haben sich als treibende Anforderung an die Systemumgebung für das CMS herausgestellt.

## 3    Implementierung von Lua unter RTOS-UH

### 3.1    Auswahlprozess

Die Siempelkamp-Konzerntochter NIS betreibt Condition Monitoring an Kraftwerksturbinen bereits seit vielen Jahren mit dem eigenen System „Studis" [1]. Dieses System wurde zunächst für den neuen Einsatzzweck evaluiert. Aufgrund der Fokussierung auf drehende Wellen eignet es sich indes nicht gut für die maschinenbaulich differenzierte Überwachung der ContiRoll-Presse. Auch Systeme anderer Hersteller konzentrieren sich stets auf Spezialgebiete und sind nicht universell einsetzbar. Deshalb ist die Entscheidung für eine Eigenentwicklung gefallen. Dabei sollte die neu entwickelte Prozessrechnerhardware [2], die bereits für die Regelung der Holzwerkstoffanlagen eingesetzt wird, auch für das CMS genutzt werden. Um das im Siempelkamp-Konzern vorhandene CMS-Know-How bei der Neuimplementierung zu nutzen, haben NIS-Ingenieure die Applikationsentwicklung begleitet. Dafür war es sinnvoll, die Besonderheiten des Betriebssystems und der Hardwareplattform zu kapseln. Eine Entwicklung in PEARL oder C schied deshalb aus. Lua [3,4] als einfach zu erlernende Scriptsprache ermöglicht einen schnellen Einstieg in die Programmierung. Ein objektorientierter Ansatz sorgt zudem für eine gute Abstraktion. Ein Vergleich zwischen Lua und der in Studis integrierten Scriptsprache zeigte, dass alle notwendigen Funktionalitäten problemlos abgebildet werden können und Lua darüberhinaus eine größerere Flexibilität besitzt. Zudem ist Lua einfach auf neue Plattformen wie etwa RTOS-UH portierbar.

Die Nutzung der eigenen Hardwareplattform unter dem Echtzeitbetriebssystem RTOS-UH auch für das CMS erlaubt es, viele Softwareteile und Kommunikationstreiber zu übernehmen. So werden die für die Zustandsüberwachung notwendigen Mess- und Prozessgrößen über industrielle Ethernetprotokolle wie PROFINET oder Modbus/TCP erfasst. Der integrierte Webserver mit einer modularen Weboberfläche ermöglicht die einfache Bedienung des Systems lokal durch die Anlagenbetreiber sowie remote per Teleservice durch Siempelkamp.

### 3.2  Spracheigenschaften

Lua bietet als Scriptsprache aufgrund der schnellen Turn-Around-Zyklen Vorteile in der Entwicklungsphase. Dynamisch erzeugte Berechnungsformeln erfordern keinen eigenen Formelinterpreter, sondern können den Lua-Interpreter selbst nutzen. Dazu erzeugt der Beurteilungsalgorithmus für die Vorhersage der KPI-Grenzwerte Lua-Code, den er zur Laufzeit als Zeichenkette an den Lua-Interpreter zur Ausführung übergibt.

Gleichzeitig besitzt die Sprache mächtige Konstrukte. So lassen sich table-Objekte flexibel als Arrays, Strukturen, Dictionaries oder Objektinstanzen nutzen. Die Ausdrucksstärke der Sprache liegt deutlich über der von PEARL oder C. Mit Hilfe von sogenannten Metamethoden lässt sich eine objektorientierte Programmierung erreichen [5].

In interpretierten Sprachen fallen bestimmte Fehler wie z. B. Syntaxfehler im Code erst zur Laufzeit auf. Bei Compilern können diese schon vorab erkannt und behoben werden. Der sichereren Behandlung von Laufzeitfehlern kommt deshalb eine besondere Bedeutung zu. Lua verfügt mit dem sogenannten „protected mode" über einen einfachen Fehlerbehandlungsmechanismus. Die Lua-Funktion pcall („protected call") erlaubt es, Laufzeitfehler abzufangen. Dazu übergibt man der Funktion pcall ein Funktionsobjekt, das aufgerufen wird. Tritt darin ein Fehler auf, liefert pcall als Rückgabewert false. Im fehlerfreien Fall liefert die Funktion true. pcall kann mit anonymen Funktionen aufgerufen werden, wie das folgende Beispiel zeigt:

**Listing 1.** Fehlerbehandlung mit pcall

```
1   -- zu schuetzender Code
2   ...
3 end )
4 then
5   -- Code fehlerfrei
6   ...
7 else
8   -- Laufzeitfehler aufgetreten
9   ...
10 end
```

Gegenüber compilierten Sprachen wie PEARL oder C erfordert der Interpreter deutlich leistungsfähigere Prozessoren, weil die Codeabarbeitung erheblich langsamer ist. Aus diesem Grund werden die Prozessrechner nun mit Vierkernprozessoren anstelle der bisher verwendeten Zweikernprozessoren ausgestattet. Diese Option war bereits bei der Hardwareentwicklung des Prozessrechners vorgesehen.

## 3.3  Portierung und Systemintegration

Lua lässt sich einfach auf verschiedene Betriebssysteme und Hardwareplattformen portieren. Der Sprachkern, der Interpreter sowie die Standardbibliotheken sind in sehr portablem ANSI-C geschrieben. Über ein API können ebenso vorhandene Systemressourcen eingebunden werden. Viele bereits vorhandene Systemprogramme auf der CMS-Hardware können ihre Dienste über leichtgewichtige Bibliotheken auch für Lua-Scripte zur Verfügung stellen:

- Logfilesystem und Alarmierung
- Systemkonfiguration
- Prozessdatenzugriff
- Datenbank
- Tasking
- Netzwerk (TCP/IP, Web)

Einige dieser Bibliotheken konnten sogar in Lua selbst geschrieben werden. Dies sind z. B. die Libraries, die Konfigurationsdateien auswerten. Lua stellt im Sprachumfang eine Standardbibliothek für Dateizugriffe zur Verfügung. Darauf können die Parser für die unterschiedlichen Dateiformate aufsetzen.

Bei anderen Schnittstellen binden einfache Wrapper in C Lua an vorhandene Komponenten an. Weil Lua ursprünglich als Konfigurationssprache zur Einbindung in C-Programme entwickelt worden ist, sind solche Anbindungen zwischen Lua und C mit wenigen Zeilen C-Code zu erledigen. Auf diese Weise sind Lua-Bibliotheken zum Zugriff auf das zentrale Shared Memory zum Datenaustausch, auf die Zeitreihendatenbank David, auf Netzwerk-Sockets oder Betriebssystemfunktionen für das Tasking entstanden.

## 3.4  Echtzeit unter Lua

Die auf das Echtzeitbetriebssystem RTOS-UH portierte Lua-Version erlaubt es, neben dem ohnehin im Sprachumfang von Lua vorgesehenen kooperativen Multitasking Programmteile in eigenen Echtzeittasks ablaufen zu lassen. Die Siempelkamp-eigene Lua-Library rtos ist ein Wrapper um die Taskingfunktionen aus der Runtime des verwendeten C-Compilers. Die Funktionen sind als Standardlibrary im Lua-Interpreter eingebunden und stehen allen Applikationen somit automatisch zur Verfügung. Das folgende Beispiel zeigt, wie man eine Funktion loop über den Scheduler des Betriebssystem sekündlich aufrufen lassen kann:

**Listing 2.** Zyklische Ausführung einer Funktion

```
1  print( os.clock() )
2  end
3
```

```
 4  function runLoop( f, cycle )
 5    -- eigene Task-ID ermitteln und Task zyklisch einplanen
 6    local TID = rtos.rt_my_TID()
 7    rtos.rt_timed_activate_quick( TID, 0, 0x80000000,
 8                                  cycle, 0x7FFFFFFF )
 9    repeat
10      -- Auf periodische Aktivierung durch Betriebssystem warten
11      rtos.rt_wait_for_activation()
12      -- uebergebene Callback-Funktion aufrufen
13      f()
14    until false
15  end
16
17  runLoop( loop, 1000 )   -- Keine Rueckkehr aus dieser Funktion
```

Der Aufruf von runLoop() bekommt die aufzurufende Anwenderfunktion als Callback sowie die Zykluszeit als Parameter übergeben und ruft die Callbackfunktion nun periodisch mit der übergebenen Zykluszeit auf. runLoop ermittelt zunächst mit rt_my_TID() die eigene Task-ID, unter der der Code abläuft. Anschließend plant sie diese Task über die Betriebssystemsfunktion rt_timed_activate_quick() so ein, dass die Task vom Betriebssystem mit der vorgegebenen Zykluszeit periodisch aufgerufen wird. Üblicherweise beginnt eine Task bei einer Aktivierung wieder vom Anfang an zu laufen. Der Trick besteht nun darin, dass runLoop sich in einer Schleife mittels rt_wait_for_activation() derart selbst blockiert, dass diese Blockierung durch eine Taskaktivierung aufgehoben wird und die Bearbeitung an dieser Stelle fortsetzt. Nach jeder Aktivierung ruft runLoop die übergebene Callbackfunktion auf und blockiert sich erneut. Die periodische Aktivierung geschieht durch die bereits vor der Schleife durchgeführte zeitliche Einplanung.

Die Funktion rt_create_task() erlaubt das Anlegen von zusätzlichen Tasks. Als Parameter übergibt man ihr den Code, der in der Task ablaufen soll, als Zeichenkette. Dazu nutzt man unter Lua die Schreibweise der sogenannten „long brackets", mit der der Code als mehrzeilige Stringkonstante angegeben wird:

**Listing 3.** Taskerzeugung

```
 1
 2    function myTaskCode()
 3      -- der auszufuehrende Code
 4    end
 5
 6    rtos.rt_set_prio( 10 )   -- Echtzeit-Taskprioritaet setzen
 7    runLoop( myTaskCode, 100 )
 8  ]] )
 9
10  -- der folgende Code laeuft nun parallel
11  local i = 0
12  while ( true ) do
13        print( "main: " .. i )
14        rtos.rt_resume_after( 1000 )
15        i = i + 1
16  end
```

Lua-Code läuft stets in sogenannten Lua-States ab. Diese Datenstrukturen enthalten alle für den Interpreter notwendigen Informationen. Lua ist deshalb bereits intern so konzipiert, dass es wiedereintrittsfest ist. Für Tasks wird – ebenso wie für das Hauptprogramm – jeweils ein eigener Lua-State angelegt. Daraus resultiert allerdings auch der Nachteil, dass es in Lua keine State-übergreifenden, globalen Variablen gibt. Die Interprozesskommunikation muss deshalb entweder über externe Bibliotheken, Variablen in einem shared Memory oder Message-passing erfolgen. Beim Messagepassing nutzt man die Möglichkeit, Tasks unter RTOS-UH als Systemgeräte bei I/O-Operationen anzusprechen.

## 3.5    Speicherverwaltung unter Lua

Die Implementierung der Speicherverwaltung im Lua-Interpreter wirkt sich deutlich auf die Laufzeit des Programms aus. So laufen im Hintergrund bei Zuweisungen, Funktionsaufrufen, Zeichenkettenverarbeitung usw. viele Speicheranforderungen und -freigaben ab. Die Speicherverwaltung hat sich schnell als Engpass erwiesen. Der Lua-Interpreter erlaubt es indes, die Speicherverwaltung des Lua-Laufzeitsystems auszutauschen und zu optimieren.

Die Standardimplementierung im Interpreterkern stützt sich auf die ANSI-C-Funktionen realloc() und free() ab. Die Heapfunktionen des verwendeten C-Compilers neigen dazu, die Speicherverwaltung des Betriebssystems erheblich zu belasten, weil die Speicheranforderungen in vielen kleinen Blöcken erfolgen. Die daraus resultierende hohe Anzahl an Speicherblöcken verlangsamt das gesamte Rechnersystem und wirkt sich sogar auf andere Tasks aus, wenn diese Speicher z. B. für I/O-Operationen anfordern oder freigeben.

Als entscheidende Maßnahme hat sich der Austausch der gesamten Speicherverwaltung durch die Public-Domain-Bibliothek dlmalloc [6] erwiesen. Diese Bibliothek, die ursprünglich auch als Basis der Speicherverwaltung der GNU-C-Runtime diente, verfügt intern über eine sehr leistungsfähige Optimierung bei Speicheranfragen, die je nach angefragter Größe aus verschiedenen internen Strukturen bedient werden. Dadurch verringert die Bibliothek die interne Heap-Fragmentierung deutlich. Vom Betriebssystem fordert dlmalloc Speicher nur in großen Blöcken an. Auf diese Weise minimiert sie die Auswirkungen auf die Speicherkette des Betriebssystems, weil sie nur wenige Blöcke benötigt.

Diese internen Optimierungen sind für den Lua-Programmierer transparent. Eine deutlich verringerte Laufzeit von Lua-Applikationen belohnt diesen Aufwand, wie Messwerte zeigen: Ein realer Applikationsteil, der ca. 9000 Nachrichten zu bearbeiten hat, benötigte mit der Standard-C-Speicherverwaltung ca. 25 Minuten, während er mit der optimierten neuen Speicherverwaltung in nur 2 Minuten fertig ist.

Während die automatische Speicherverwaltung des Lua-Interpreters dem Programmierer einerseits Arbeit abnimmt, benötigt die Garbage Collection nicht unerhebliche Prozessorzeit. Unter Lua lässt sich der Garbage Collector zu definierten Zeiten im Programm wie z. B. am Zyklusende aufrufen. Dadurch wird die zeitliche Reproduzierbarkeit von Abläufen deutlich erhöht, weil die Garbage Collection nicht an zufälligen Zeitpunkten einsetzt. Zudem können die Triggerwerte für die Garbage Collection, also z. B. die Anzahl der Speicheroperationen zwischen zwei Durchläufen beeinflusst werden, um so die Auswirkungen der automatischen Speicherfreigabe auf die Applikation zu minimieren.

## 4    Fazit und Ausblick

Lua eignet sich durch seine einfache Portierbarkeit sehr gut, um auf Echtzeitsystemen genutzt zu werden. Der Optimierung der Speicherverwaltung kam dabei eine zentrale Bedeutung zu. Lua-Programme können über eine zusätzliche Systembibliothek auf Betriebssystemfunktionen für das präemptive Multitasking zugreifen. Einige Spracheigenschaften vereinfachen die Anwendungsentwicklung gegenüber den bisher verwendeten Sprachen wie PEARL oder C. Dennoch wird der Einsatz von Lua Spezialapplikationen wie dem CMS vorbehalten bleiben. Der Laufzeitoverhead durch den Lua-Interpreter macht sich deutlich bemerkbar und erfordert ausreichend leistungsfähige Rechner.

Das Entwicklungsprojekt dauert zum Zeitpunkt des Redaktionsschlusses für den Tagungsband noch an. Ein protypischer Einsatz an einer produzierenden Anlage ist noch nicht erfolgt. Sobald die Komponenten der ersten Ausbaustufe erfolgreich überwacht werden können, wird das Condition Monitoring weitere Komponenten und Anlagenteile einbeziehen. Ebenso wird das System auch an anderen Anlagentypen (z. B. Metallumformpressen) zum Einsatz kommen. Hierfür müssen lediglich die komponentenabhängigen Softwareteile sowie die entsprechenden KPIs implementiert werden. Das umfangreiche CMS-Applikationsframework stellt die notwendige Basis bereit und vereinfacht die Implementierung neuer Überwachungsalgorithmen erheblich.

## Literaturverzeichnis

1. Studis, http://www.studis.eu (abgerufen am 01.07.2019)
2. J. Bartels: Entwicklung eines Singleboardcomputers mit RTOS-UH/PEARL für industrielle Anwendungen, in: W. Halang, H. Unger (Hrsg.): Logistik und Echtzeit – Echtzeit 2017, Springer Verlag, Berlin, Heidelberg, 2017
3. The Programming Language Lua, http://www.lua.org (abgerufen am 01.07.2019)
4. H. H. Heitmann: Ein tragbares Prüfsystem für Beatmungsgeräte, in: P. Holleczek, B. Vogel-Heuser (Hrsg.): Eingebettete Systeme – PEARL 2004, Springer Verlag, Berlin, Heidelberg, 2004
5. Programming in Lua: 16 Object-Oriented Programming, http://www.lua.org/pil/16.html (abgerufen am 01.07.2019)
6. D. Lea: A Memory Allocator, http://gee.cs.oswego.edu/dl/html/malloc.html (abgerufen am 01.07.2019)

# Betrachtungen zu Latenzquellen und deren Beobachtung in POSIX-Systemen am Beispiel von Container-Runtimes

Ludwig Thomeczek[1], Andreas Attenberger[1], Johannes Kolb[1], Václav Matoušek[2] und Jürgen Mottok[3]

[1] Continental Automotive GmbH, 93055 Regensburg
{andreas.attenberger|ludwig.thomeczek|johannes.kolb}
@continental-corporation.com
[2] Department of Computer Science and Engineering
University of West Bohemia, 306 14 Plzen, Czech Republic
matousek@kiv.zcu.cz
[3] Fakultät Elektro und Informationstechnik
OTH Regensburg, 93049 Regensburg
juergen.mottok@oth-regensburg.de

**Zusammenfassung.** Die am weitesten verbreiteten autonomen Systeme der Zukunft sind aller Voraussicht nach intelligente Fahrzeuge, welche selbständig im Straßenverkehr navigieren und mit der Umgebung interagieren. Diese neuen Funktionen erfordern den Einsatz von performanten Mehrkernprozessoren sowie von komplexen (POSIX-kompatiblen) Betriebssystemen. Gleichzeitig erfordert der Einsatz im Automobil hohe funktionale Sicherheit (ASIL-Level), was unter anderem robuste Echtzeiteigenschaften der verwendeten Hard- und Software voraussetzt. Den Echtzeiteigenschaften steht die erhöhte Komplexität mit neuen Quellen für nichtdeterministische Latenzen gegenüber. In diesem Paper präsentieren wir eine Übersicht über diese neuen Einflussfaktoren, und vermessen anschließend Containerlaufzeitumgebungen und deren Latenzverhalten. Wir zeigen dabei, das Netzwerkbrücken unter Last erheblichen Einfluss (Faktor 4–5) auf die Netzwerklatenz ausüben können.

## 1 Einführung

In der Automobilindustrie finden derzeit mehrere Umbrüche statt. Einerseits erfolgt eine graduelle Umstellung von Kohlenwasserstoffen als Energieträger hin zu elektrischen Antrieben, andererseits nähert sich der Traum von autonom fahrenden Automobilen seiner Serienreife.

Hinzu kommt die immer weiter fortschreitende elektronische Durchdringung des Lebens, welches neue Kommunikationsfähigkeiten im Automobil erfordert: Verbindung zwischen Mobiltefonen und Bordsystemen, Appkontrolle des Ladezustandes, Fernsteuerung des Wagens aus der Parklücke heraus oder vom Parkplatz zu einem Abholort (die sogenannte Valet-Funktion).

© Springer Fachmedien Wiesbaden GmbH, ein Teil von Springer Nature 2019
H. Unger (Hrsg.), *Echtzeit 2019*, Informatik aktuell,
https://doi.org/10.1007/978-3-658-27808-2_12

All diese neuen Anforderung an die Bordelektronik der Automobile erfordern den Einbau neuerer, performanter und komplexer Hardware, und der begleitenden Software.

Für den Anwendungszweck des autonomen Fahrens werden eine Vielzahl von Sensoren (Radar, Ultraschall, und (Stereo-)Kameras) benötigt, welche mit einer zentralen ECU kommunizieren müssen. Dies stellt wiederum enorme Leistungsanforderungen, um die Datenströme zu einem Gesamtumfeldmodell des Fahrzeuges zu vereinen (Sensorfusion), relevante Objekte (Schilder, Straßenteilnehmer, Fahrbahnbegrenzungen) zu erkennen und die Steuerungsentscheidungen zu treffen.

Schlussendlich müssen diese Entscheidungen dann an die Aktoren zur Lenkung weitergereicht werden.

Zusammengenommen bilden alle Komponenten des Fahrzeuges ein extrem komplexes System, welches autonom Entscheidungen treffen muss, von denen am Ende Leben abhängen, sowohl die der Mitfahrer als auch solche von unbeteiligten Dritten im Straßenverkehr.

Beispiele von bereits autonom fahrenden Prototypen und deren Probleme[1] mit unbekannten Situationen zeigen, dass die Überführung in ein Serienfahrzeug noch große Herausforderungen bieten wird. Gleichzeitig müssen in der Serienfertigung höhere Sicherheitsstandards erfüllt werden als für Prototypen, und der Kostendruck ist ungemein höher.

Dies macht sich vor allem in der Kommunikationsstruktur zwischen den neuen, breitbandigen Sensoren (Bilddaten und Objektkataloge der Radare) und der Zentralen ECU bemerkbar, wo aufgrund der Datenmengen nun auf Automotive Ethernet [12] gesetzt wird, welches einen zweidrahtigen Bus samt Stromübertragung ohne Schirmung bei 100 MBit pro Sekunde Datengeschwindigkeit bietet.

Da die Anwendung von Ethernet in sicherheitskritischen Systemen und die Nutzung von Performance-Hardware samt komplexeren Software-Stack eine neue Kombination in der Automotive-Welt ist, ergibt sich die Frage nach dem Einfluss dieser neuen Faktoren auf das sicherheitsrelevante deterministische Verhalten des Systems.

Dieses Paper wird eine Übersicht über diese Komponenten sowie des Softwarestacks für autonome Automobile geben (wie in Abb. 1 gezeigt), und vermisst dann in der zweiten Hälfte anhand eines Testaufbaus eine dieser Komponenten näher.

Dies sind die (Linux)-Container, welche eine logische Trennung von Betriebssysteminformationen für Userspaceprogramme ermöglichen. Sie können unter anderem verwendet werden, um die Informationssicherheit zu erhöhen, verschiedene gleiche Komponenten unterschiedlicher Versionen (zum Beispiel der Bilderkennungsbibliothek OpenCV oder der C-Standardbibliothek) zu verwenden,

---

[1] Als Beispiele zwei Unfälle mit Personenschaden von Tesla https://www.theregister.co.uk/2017/06/20/tesla_death_crash_accident_report_ntsb/ und Uber https://www.theverge.com/2018/3/28/17174636/uber-self-driving-crash-fatal-arizona-update

oder gänzlich andere Userspaceumgebungen mit geringeren Verlusten als mit einem Hypervisor zu ermöglichen.

## 2   Neue Latenzquellen

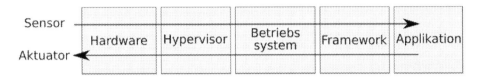

**Abb. 1.** Latenzeinflüsse in einer Automobilapplikation, Schema

Um die neuen Latenzquellen zu beschreiben, vergleichen wir in diesem Kapitel nun zwei theoretische Steuergeräte: Ein Steuergerät basierend auf Autosar Classic [3] gegenüber einem High-Performance Steuergerät unter Adaptive Autosar [2], mit Linux als POSIX-kompatibles Betriebssystem. Die Annahme hierbei ist ein generischer Softwarestack nach Autosar Classic (eine Beispielbeschreibung in [22]) mitsamt einer Microcrontroller basierenden Hardware auf der einen Seite, sowie ein Autosar Adaptive kompatibles Setup auf einer aktuellen Hochleistungshardware der nächsten Generation (zum Beispiel des für die Latenztests verwendeten Systems-on-a-Chip M3 von Renesas [15]). Im Folgenden werden die Unterschiede zwischen diesen Systemen genauer erläutert. Dabei folgen wir strukturell dem Weg einer Datenverbindung zwischen der Endanwendung auf dem Gerät und einem externen Kommunikationspartner und der Schichten dazwischen. Eine grobe Übersicht dieser Schichten ist in Abb. 1 dargestellt.

### 2.1   Hardware

**Kommunikation** Das verwendete Bus-System zur Kommunikation zwischen den Steuergeräten wechselt von den etablierten CAN/LIN/MOST/Flexray Systemen hin zu Automotive Ethernet, einer paketbasierten Lösung [12]. Die Datenraten steigen hierbei auf bis zu 1000 MBps, Echtzeitfähigkeiten könen aber nur durch den Einsatz von speziellen Erweiterungen des Standards [9, 16] erreicht werden. Latenzen auf Ethernetebene liegen bei mindestens 55 µs [11] samt Switch, erwartbar sind aufgrund der benötigten Paketverarbeitung und Fehlerkorrektur höhere Werte. Zu bemerken ist, das der bessere Durchsatz auch die Übertragungszeit der Nachrichten selbst verringert (vgl. 1 ms Übertragungszeit einer Beispielnachricht in CAN [4] zu 55 µs Round-Trip-Time mit Ethernet. Höherer Protokoll-Overhead ist dabei von Ethernet zu erwarten, aufgrund der Auslegung auf größere Netzwerk-Topologien mit entsprechender Adressierung. Hierbei steigt besonders der Aufwand, geringe Datenmengen in einem einzelnen Datagram zu versenden, die effiziente Nutzung des Busses erfordert deshalb größere Nutzdatenmengen.

**Prozessor** Der Prozessor selbst besitzt nun eine Out-of-Order Architektur, welche Assemblerinstruktionen grundsätzlich neu arrangieren bzw. außerhalb der Programmreihenfolge ausführen kann. Ebenso ist nun eine spekulative Sprungvorhersage sowie transparente, mehrstufige Caches samt Prefetching vorhanden. Diese Maßnahmen sind erforderlich, um die Rechenwerke der Hochleistungsprozessoren erfolgreich auslasten zu können, aber sie tragen ebenso zu der Einführung von Nichtdeterminismus bei der Ausführung von Programmcode bei. Die relativ simplen, auf determistische und zuverlässige Ausführung optimierten Prozessoren im Microcontroller haben hierbei den Vorteil, Programmcode direkt aus dem Speicher ausführen zu können und Caches direkt zu adressieren, was im High Performance Bereich nicht mehr möglich ist. Eine weitere Änderung ist der Wechsel von einer Memory Protection Unit (MPU) hin zur Memory Management Unit (MMU), also der Einführung von virtuellen Adressräumen für laufende Programme. Dies vereinfacht einerseits die Koexistenz mehrerer Programme auf dem System und verbessert die Abschottung zwischen Systemkomponenten, andererseits ist nun zum Auflösen der Zuordnung von virtuellen zu physikalischen Adressen ein Suchvorgang in den Seitentabellen nötig, was seinerseit wieder zu einem oder mehreren Zugriffen auf den Speicher führen kann. Im schlimmsten Fall kommt es zu einem Seitenfehler und eine höhere Abstraktionsschicht (z. B. das Betriebssystem) muss die Zuordnung erst anlegen oder einen anderweitigen Eingriff vornehmen. Ebenso ist bei Wechsel der ausführenden Applikation nun ein Wechsel der Seitentabellen und ein Leeren/Invalidierung der Caches nötig. All diese Maßnahmen fördern die Performance durch Optimierung auf den statistischen Regelfall, die Einbußen für den Worst-Case Fall steigen aber exponentiell an. Die Anzahl der in das Gesamtsystem integrierten Prozessoren steigt ebenfalls, nicht nur um die gleichzeitige Ausführung mehrerer Applikationen zu ermöglichen, sondern auch durch das Ende von Moore's Law und des Dennard Scalings ( [6, Kapitel 1], siehe auch [2]), welche den Durchsatz von Einzelprozessoren in eine asymptotische Sättigung oder extremen Energieverbrauch zwingen. In beiden Systemen ist der Einsatz von Mehrkernprozessoren üblich (auch wenn die Anzahl in den neuen Systemen noch einmal steigt), um die Performance des neuen Systems ausnutzen zu können, ist aber eine dynamische Nutzung dieser Ressourcen nötig. Diese erzeugt durch Scheduling-Overhead, erhöhtem Kommunikationsaufwand zwischen den Kernen und unvorbereiteten Caches negative Einflüsse auf die Laufzeit und somit die Latenz.

## 2.2   Hypervisor und Betriebssystem

Um die Komplexität der Hardware und die Programme zu entkoppeln werden weitere Abstraktionsebenen zwischen diesen Komponenten eingezogen – klassischerweise Betriebssysteme [19]. Um (eventuell verschiedene) Betriebssysteme von der Hardware zu entkoppeln, werden wiederum Hypervisoren [5] eingesetzt. Da beide grundsätzlich dieselben Herausforderungen und Probleme teilen, erfolgt die Diskussion beider zusammen.

---

[2] https://cartesianproduct.wordpress.com/2013/04/15/the-end-of-dennard-scaling/

Die Entkopplung und Zuweisung von Ressourcen in klassischen Systemen erfolgt dabei vorwiegend statisch bei Erstellung des Systemes. Hierbei werden Signale und Interrupts, Busnachrichten, Zeitslots zur Programmausführung und Speicherverbrauch komplett vordefiniert und für die gesamte Betriebszeit festgesetzt. Unter Autosar Classic wird das abstrakte Interface von einem OSEK [10] basierten OS bereitgestellt, während für die neuen adaptiven Systeme ein POSIX [8] kompatibles System vorgeschrieben ist. Durch die statische Auslegung des Systemes in den klassischen Steuergeräten ist es hierbei möglich, die OS-Funktionen und die Anwendungsprogramme fest zu linken, da sie außerdem im selben Adressraum arbeiten. Dadurch treten auch keine Seitenfehler oder Kontextwechsel auf, welche durch das OS behandelt werden müssen. Treiberunterstützung wird durch das sogenannte Microcontroller Abstraction Layer (MCAL) bereitgestellt, welches oft vom Hersteller geliefert wird, und stellt die standardisierten Interfaces zum Programm und dem Framework bereit. Für nicht standardisierte Funktionen ist es möglich, mittels Complex Device Drivers (CDD) direkt zwischen Hardware und Endanwendung zu agieren, und die weiteren Abstraktionsschichten zu umgehen.

In den Hochleistungssystemen ist der (Linux-)Kernel für die Abstraktion der Hardware zuständig, er erledigt außerdem die Ressourcenzuweisung und das Scheduling. Ein Umgehen durch CDD/spezielle Treiber ist nicht vorgesehen, aber es gibt Anstrengungen, die Aktivität des Kernels während der Laufzeit zu minimieren [7]. Die benötigten Treiber sind daher bereits in den Kernel integriert, und diese bestehende breite Hardwareunterstüzung ist einer der Gründe zur Wahl von Linux im Automobil. Der Nachteil dabei besteht darin, das weder Treiber noch Kernel auf niedrige Worst-Case Latenzen und funktionale Sicherheit optimiert sind, oder nach ISO/ASIL Kriterien entwickelt wurden. Interruptbehandlung, Timerjitter und generelle Leistung sind auf den statistischen Normalfall optimiert, auch wenn viele Verbesserungen im Rahmen des Preempt_RT [14] Patches bereits eingeflossen sind. Für die Nutzung von heterogenen Beschleunigern und Graphikprozessoren stehen außerdem standardisierte Schnittstellen zur Verfügung, welche durch eine Kombination von Kernel, Treibern und Userspacekomponenten (zum Beispiel OpenGL/CUDA als Rechenbeschleuniger, VDPAU/VA-API zur Videodekodierung) bereitgestellt werden. Ebenfalls relevant sind eine Menge an Isolierungsmechanismen, welche aus dem Cloud-Umfeld stammen. Diese können einerseits eine logische Trennung und Abstrahierung zwischen den laufenden Programmen im OS ermöglichen, andererseits ist ihr zusätzlicher Aufwand ein weiterer Einfluss auf das Latenzverhalten des Systemes. Linux-Container als Beispiel für dies werden in Sektion 3 näher beschrieben. Vergleichbare Funktionen für die klassische Architektur stehen noch nicht zur Verfügung.

Auf Betriebssystemebene wird ebenfalls der Protokollstack für Ethernet implementiert, welcher starken Einfluss auf die Kommunikation hat. Ein Vergleich in [1] zeigt, das zumindest eine Implementierung auf einem Autosar Classic System Defizite gegenüber Linux aufweist.

Das Scheduling und die Hardwareabstraktion (Ethernet und Beschleuniger) werden zusätzlich noch von dem Einsatz eines Hypervisors beeinflusst, wie bereits in [21] diskutiert.

### 2.3 Framework

In klassischen Systemen ist das Run-Time-Environment (RTE) für die Abstraktion zwischen MCAL und Anwendung zuständig. Unter Adaptive passiert dies durch die AUTOSAR Runtime for Adaptive Applications (ARA). Hier werden nicht Betriebssystem-relevante und höher-abstrakte Kommunikationsmittel implementiert. Beide Systeme unterstützen Ethernet, und die darauf aufsetzende Service-basierte Architektur wird im Framework implementiert. Hierfür wurde SomeIP [17] als Standard festgesetzt. Die Einführung dieses komplexeren Kommunikationsprinzipes erfordert mehr Aufwand bei der Verarbeitung und birgt somit weitere Risiken für das Latenzverhalten.

### 2.4 Applikation

Endanwendungen auf beiden Systemen werden nach festen Standards entwickelt – basierend auf C für Classic, C++11 für Adaptive. Die neuen Möglichkeiten und Anforderungen für Bildverarbeitung, Neuronale Netze und Erweiterte Kommunikation spiegeln sich dort in neuen Architekturen und der Nutzung von speziellen Beschleunigungslösungen wieder, und deren neue Dynamik wird ebenso Auswirkungen auf die Latenz zeigen. Dies geschieht in enger Kopplung mit dem Betriebssystem, welches für die Prozessverwaltung und die Inter-Prozess-Kommunikation verantwortlich ist.

## 3   Container

Im Gegensatz zu Hypervisoren, welche eine transparente Abstraktionsschicht auf Hardwareebene realisieren, arbeiten Container auf der Ebene zwischen User und Kernelspace, virtualisieren also die Userspaceumgebung sowie die Sicht des Programmes auf die Kernel-Datenstrukturen.

Die Umsetzung erfolgt hierbei (unter Linux) durch eine Kombination verschiedener Fähigkeiten des Kernels, darunter der Seccomp-Filterinfrastruktur für Systemaufrufe, Control Groups zur Kontrolle der Ressourcenallozierung, sowie der Namensräume (Namespaces), welche der Kernel zur Trennung von Subsysteminformationen zur Verfügung stellt.

Aufgrund der Tatsache, dass bei dem Einsatz von Containern keine zusätzliche Scheduling-Ebene benötigt wird und keine Ressourcen für das gleichzeitige Laden mehrerer Betriebssystem-Kernel reserviert werden, sind sie eine leichtgewichtigere Alternative zur Voll- oder Paravirtualisierung des Systems.

# 4   Benchmarks und Ergebnisse

Der Aufbau ist derselbe wie in [21]: Auf dem System läuft ein POSIX-kompatibles, selbst entwickeltes Testprogramm im Userspace, welches einem typischen automobilen Systemsetup nachmodelliert ist. Separat laufende Prozesse simulieren das Framework, welches nach außen hin lauscht und die Netzwerkverbindung ermöglicht, sowie einen Applikation-Prozess, welcher vom Framework per Inter-Prozess-Kommunikation die Anfrage entgegen nimmt und eine Antwort zurück gibt. Dieser Aufbau ermöglicht es, den gesamten Kommunikationsweg vom Netzwerkgerät über den Treiber, das Betriebssystem und dem Applikation-Framework bis hin zum eigentlichen Programm zu vermessen. Als Gegenstelle des Tests dient ein verlässliches, dediziertes Echtzeitsystem, welches auf geringe externe Einflüsse hin optimiert wurde. Durch Veränderungen am zu testenden System können so, ausgehend von der Annahme, dass die Umgebungseinflüsse und anderen Eigenschaften des Systems gleich bleiben, verschiedene Konfigurationen im Bezug auf die Latenzen in Relation gesetzt werden. Außerdem ist es möglich, durch Beobachtungen über einen längeren Zeitraum und unter verschiedenen Lastszenarien Abschätzungen über Worst-Case Latenzen zu treffen. Das Testprogramm selbst simuliert zudem eine statische Arbeitslast durch Iterieren einer Timerabfrage. Dies ermöglicht Rückschlüsse auf Unterbrechungen während der Programmlaufzeit, welche die Antwortlatenz ebenfalls beeinflussen können. Somit können Unterschiede zwischen Lastszenarien, Komponenten oder Konfigurationen derselben ausgemessen werden.

## 4.1   Testaufbau

Als Basis für die durchgeführten Tests dient das Renesas M3 Starter Kit [15], ein für den Automobilbereich entwickeltes System-on-a-Chip (SoC). Es ermöglicht mit sechs dedizierten Kernen, einem Safety-Lockstep Co-Prozessor, diversen Netzwerklösungen (CAN, LIN, Ethernet AVB) und einem 3D-Grafikbeschleuniger das Testen in einer praxisnahen Konfiguration. Im typischen Betrieb unter Linux (Kernel Version Linux m3ulcb 4.14.35-yocto-standard) sind mit dieser Hardware Antwort-Latenzen im Bereich von $200\,\mu s - 500\,\mu s$ zu erreichen.

Als Programme zur Realisierung der Container wurden systemd-nspawn [18] (Version systemd 234) und runc [13] (Version 1.0.0-rc3) gewählt, ersteres aufgrund seiner Integration in das Init-System des Betriebssystems, und letzteres aufgrund der Tatsache, dass es die de-facto Standardimplementierung für Container unter Linux ist.

Softwareseitig wurden 5 verschiedene Benchmarks mit einer Laufzeit von 6 Stunden durchgeführt, mit unterschiedlicher Konfiguration. Einmal lief der Test direkt unter Linux (*direct*), dann wurde ein systemd-nspawn Container mit direktem Netzwerkzugriff (*nspawn*) getestet. Darauf folgend wurde eine Netzwerkbrücke eingerichtet und diese vermessen, sowohl außerhalb (*bridge*) als auch innerhalb des Containers (*nspawn-br*). Der letzte Test wurde mit runc, der Containerlösung hinter Docker durchgeführt, ebenfalls mittels einer Netzwerkbrücke (*runc*). Aufgrund einer Inkompatibilät zwischen runc und systemd,

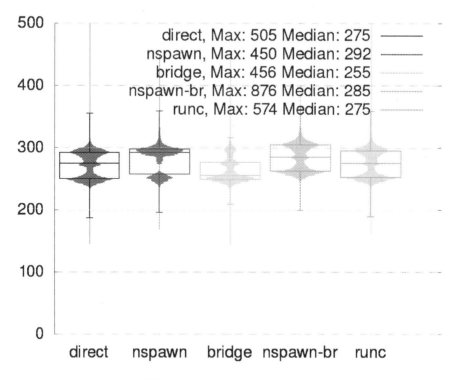

**Abb. 2.** Ergebnisse ohne Last

dem verwendeten init-Systems innerhalb des Containers, wurde dieser aber nur mit einem minimalen Initsystem gestartet. Dies steht im Gegensatz zur Lösung mit systemd-nspawn, welche ein komplettes Systemabbild mit allen Diensten startet. Alle Tests liefen nacheinander auf demselben System (siehe Abb. 1) ohne Hintergrundaktivitäten und wurden mit einer Netzwerklast wiederholt (Abb. 3).

### 4.2   Ergebnisse

Tests ohne Last (Abb. 2) zeigen keine erkennbaren Trends für die verschiedenen Konfigurationen, die Variation befindet sich in einem Bereich, welche auch bei Tests mit gleichbleibendem Aufbau gemessen wurde. Interessant ist hier die Verbesserung der Latenz bei Einsatz einer Netzwerkbrücke, während runc mit einem minimalen Initsystems geringen Vorsprung gegenüber systemd-nspawn zeigt.

Die Tests unter Last (Abb. 3) zeigen ein komplett anderes Bild: Während die Nutzung eines Containers ohne Netzwerkbrücke im Vergleich einen sehr geringen Overhead zeigt, treten bei Einsatz einer Netzwerkbrücke unter Netzwerklast konsistent vier- bis fünffach höhere Latenzen auf als ohne. Folgetests mit nur halber Netzwerklast bestätigten dies ebenfalls. Der weitere Einsatz eines Containers verschlechtert die Latenz nur minimal.

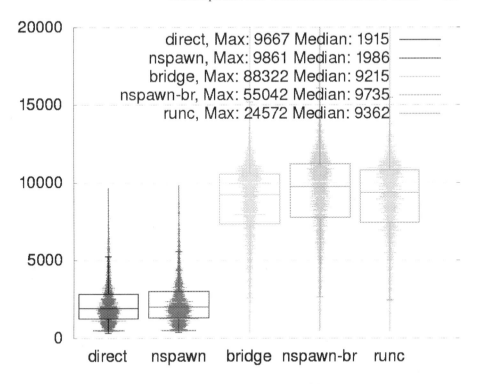

Abb. 3. Ergebnisse mit Netzwerklast

## 5  Zusammenfassung und Ausblick

Eine breite Auswahl an neuen Funktionen und Technologien für Hochleistungssysteme im Automobil werden demnächst Einzug finden, und einige davon nehmen Einfluss auf das Latenzverhalten. Wir konnten zeigen, dass der Einsatz von Containern unter Linux geringen Einfluss zeigt, die für eine komplette Entkopplung vom Hostsystem nötigen virtuellen Netzwerkbrücken aber erhebliche Kosten im Rahmen von bis zu 5-facher Latenz unter Last zur Folge haben. In diese Richtung wäre eine weitere Untersuchung mittels BPF analog zu [20] möglich, um genaueren Einblick in die Vorgänge und etwaige Verbesserungsmöglichkeiten zu erhalten.

## Literaturverzeichnis

1. Aspestrand, O., and Claeson, V. The fast-lane development of automotive ethernet for autonomous drive.
2. AUTOSAR GbR. AUTOSAR - Adaptive Platform. https://www.autosar. org/standards/adaptive-platform/.
3. AUTOSAR GbR. AUTOSAR - Classic Platform. https://www.autosar.org/ standards/classic-platform/.

4. DAVIS, R. I., BURNS, A., BRIL, R. J., AND LUKKIEN, J. J. Controller area network (can) schedulability analysis: Refuted, revisited and revised. *Real-Time Systems 35* (2007), 239–272.

5. GOLDBERG, R. P. *Architectural Principles for Virtual Computer Systems.* PhD thesis, Harvard University, Cambridge, MA, 1972.

6. HENNESSY, J. L., AND PATTERSON, D. A. Computer architecture - a quantitative approach, 6th edition.

7. HØILAND-JØRGENSEN, T., BROUER, J. D., BORKMANN, D., FASTABEND, J., HERBERT, T., AHERN, D., AND MILLER, D. The express data path: fast programmable packet processing in the operating system kernel. In *CoNEXT* (2018).

8. IEEE, T., AND GROUP, T. O. The Open Group Base Specifications Issue 7. http://pubs.opengroup.org/onlinepubs/9699919799/.

9. IEEE HIGHER LAYER LAN PROTOCOLS WORKING GROUP . 802.1ba-2011 - ieee standard for local and metropolitan area networks – audio video bridging (avb) systems. Tech. rep., 2011.

10. ISO CENTRAL SECRETARY. Road vehicles Open interface for embedded automotive applications. Standard ISO/IEC 17356, International Organization for Standardization, Geneva, CH, 2005.

11. LINDGREN, P., ERIKSSON, J., LINDNER, M., LINDNER, A., PEREIRA, D., AND PINHO, L. M. End-to-end response time of iec 61499 distributed applications over switched ethernet. *IEEE Transactions on Industrial Informatics 13* (2017), 287–297.

12. MATHEUS, K. *Automotive Ethernet.* 2015.

13. OPEN CONTAINER INITIATIVE. Cli tool for spawning and running containers https://github.com/opencontainers/runc, 2019.

14. REALTIME LINUX DEVELOPERS. RealTime Linux PREEMPT RT patches. https://wiki.linuxfoundation.org/realtime/start.

15. RENESAS ELECTRONICS EUROPE. R-Car M3. https://www.renesas.com/en-eu/solutions/automotive/products/rcar-m3.html.

16. SAE INTERNATIONAL. As6802: Time-triggered ethernet. https://www.sae.org/standards/content/as6802/, 2016.

17. SOME/IP Protocol Specification. Standard, AUTOSAR GbR, Nov. 2016.

18. SYSTEMD DEVELOPERS. Man page of systemd-nspawn. https://www.freedesktop.org/software/systemd/man/systemd-nspawn.html, 2019.

19. TANENBAUM, A. S. Modern operating systems, 4th edition.

20. THOMECZEK, L., ATTENBERGER, A., KOLB, J., MATOUŠEK, V., AND MOTTOK, J. Measuring safety critical latency sources using linux kernel ebpf tracing. In *ARCS 2019 - 4th FORMUS3IC - Workshop* (2019).

21. THOMECZEK, L., ATTENBERGER, A., MATOUŠEK, V., AND MOTTOK, J. Latenzen von POSIX Betriebssystemen im Kontext von Hypervisoren in Real-Time Systemen. In *Echtzeit und Sicherheit* (Berlin, Heidelberg, 2018), H. Unger, Ed., Springer Berlin Heidelberg, pp. 99–108.

22. WARSCHOFSKY, R. Autosar software architecture.

# Verifikation einer Funktionsblockbibliothek für die Prozessautomatisierung

Marc L. Schulz

FernUniversität in Hagen, 58084 Hagen
marclorenzo.schulz@gmail.com

**Zusammenfassung.** Um einen hohen Automatisierungsgrad erreichen zu können, wird der Einsatz von Software in der Prozessautomatisierung immer wichtiger. Allerdings hat Software bis heute nicht das Maß an Verlässlichkeit erreicht, das zur Umsetzung sicherheitsgerichteter Automatisierungssysteme erforderlich ist. Von den bisherigen Forschungsergebnissen ausgehend erscheint dieses Maß jedoch erreichbar, wenn zum Programmentwurf eine grafische Programmiersprache in Verbindung mit einer vorab verifizierten Funktionsblockbibliothek genutzt wird. Frühere Versuche, eine Bibliothek geeigneten Umfangs zu verifizieren, sind allerdings an der Kompliziertheit der eingesetzten Verfahren sowie der Komplexität rechnergestützter Automatisierungssysteme gescheitert. Basierend auf den Ergebnissen aus [1] wird in diesem Beitrag deshalb ein entwurfsbegleitendes Verifikationsverfahren vorgestellt, dem Einfachheit als Entwurfsprinzip zugrunde liegt und mit dem es schließlich gelungen ist, eine vollständige Funktionsblockbibliothek für die Prozessautomatisierung mathematisch streng zu verifizieren. In Verbindung mit der in [2] vorgeschlagenen Datenverarbeitungsanlage für sicherheitsgerichtete Automatisierungsaufgaben schafft diese Bibliothek die Grundlage zur Realisierung verlässlicher sicherheitsgerichteter Automatisierungssysteme.

## 1 Einführung

Schon 1992 schlugen Halang und Krämer in [3] vor, zum Entwurf verlässlicher Automatisierungssoftware ein grafisches Programmierverfahren in Verbindung mit einer formal verifizierten Funktionsblockbibliothek einzusetzen. Entscheidend für die Verlässlichkeit so entstandener Automatisierungsprogramme ist dabei den Autoren zufolge die einfache Fassbarkeit grafischer Programmiersprachen sowie die Wiederverwendbarkeit der Korrektheitsbeweise [3]. Von dieser Idee ausgehend entwickelten Halang und Śnieżek an der FernUniversität in Hagen eine Datenverarbeitungsanlage für sicherheitsgerichtete Automatisierungsaufgaben [2], die nicht nur eine Verifikation hochsprachlicher Implementierungen möglich macht, sondern auch vollständige Systemverifikationen. Diese Datenverarbeitungsanlage, die in der [2] entnommenen, grafisch überarbeiteten Abbildung 1 illustriert ist, besteht aus zwei redundant ausgelegten Prozessorpaaren: einem Funktionsblockprozessor, der ausschließlich zuvor verifizierte Funktionsblöcke ausführt, sowie einem Funktions- und Ablaufplanprozessor, der den Datenfluss zwischen diesen

© Springer Fachmedien Wiesbaden GmbH, ein Teil von Springer Nature 2019
H. Unger (Hrsg.), *Echtzeit 2019*, Informatik aktuell,
https://doi.org/10.1007/978-3-658-27808-3_13

Blöcken steuert und das Prozessabbild speichert. Aufgrund dieser speziellen Architektur erlaubt die Anlage den Einsatz der diversitären Rückübersetzung zur Verifikation der maschinensprachlichen Übersetzung der einzelnen Funktionsblöcke sowie des resultierenden Automatisierungsprogramms mit wirtschaftlich vertretbarem Aufwand. Bei der vom TÜV Rheinland entwickelten und in [4] vorgestellten diversitären Rückübersetzung wird der auf dem Rechner ablaufende Maschinencode durch einen Speicherabzug zurückgewonnen und dann mit Hilfe von Programmablaufplänen schrittweise immer weiter vereinfacht, bis sich wieder eine hochsprachliche Darstellung ergibt. Diese wird schließlich mit der zuvor verifizierten verglichen, um die Korrektheit des Maschinencodes zu beweisen. Somit umgeht dieses Vorgehen, das in [1, S. 174ff] am Beispiel eines idealen PID-Reglers gezeigt wird, die Notwendigkeit eines verifizierten Compilers, der bis heute nicht existiert.

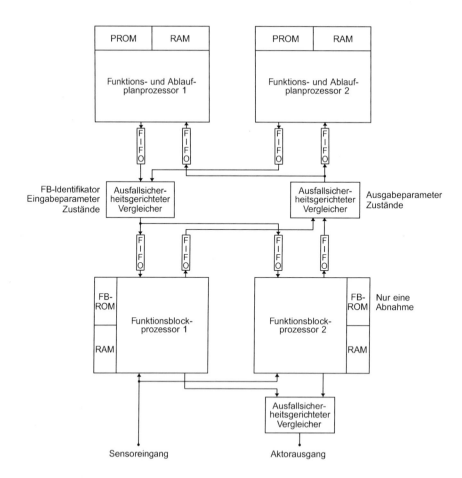

**Abb. 1.** Datenverarbeitungsanlage für sicherheitsgerichtete Automatisierungsaufgaben nach [2]

Sämtliche Versuche, die zur Umsetzung der Datenverarbeitungsanlage nach [2] erforderliche Funktionsblockbibliothek zu verifizieren, sind in der Vergangenheit jedoch gescheitert. Als Grund hierfür wird in [1, S. 16ff] die Kompliziertheit formaler Verifikation identifiziert, auf der alle bisherigen Versuche basierten. Generell beruht Softwareverifikation auf der Idee, die Korrektheit eines Programms durch Untersuchung desselben als mathematischem Objekt nachzuweisen. Bei der formalen Verifikation, auch als formale Methoden bekannt, wird hierzu das erwartete Verhalten, die Spezifikation, formallogisch als Vor- und Nachbedingung formuliert. Ausgehend von einer Menge von Axiomen wird anschließend unter Anwendung deduktiver Logik gezeigt, dass aus einer bestimmten Softwareimplementierung unter der gegebenen Vorbedingung notwendigerweise die spezifizierte Nachbedingung folgt. Wie die in [1, S. 16ff] analysierten Berichte über frühere Versuche zur Verifikation einer Funktionsblockbibliothek belegen, ist dieses Verfahren jedoch sehr aufwendig. Zudem hat die psychologische Forschung gezeigt, dass Menschen ohne spezielle Ausbildung bei der Anwendung deduktiver Logik zu Trugschlüssen neigen [5], was sich nachteilig auf die Überzeugungskraft formal geführter Beweise auswirkt. Darüber hinaus wird die Kompliziertheit des Verfahrens an sich noch durch die Vielschichtigkeit rechnergestützter Automatisierungssysteme verstärkt; denn für solche Systeme reicht es im Allgemeinen nicht aus zu beweisen, dass spezifikationsgemäße Eingaben auch zu entsprechend gültigen Ausgaben führen. Vielmehr müssen solche Systeme in der Regel harte Echtzeitanforderungen erfüllen und sind zudem oft zustandsbehaftet, ihre Ausgabe hängt also nicht nur von aktuellen, sondern auch von früheren Eingaben ab. Um unter diesen Bedingungen dennoch eine umfangreiche Bibliothek verifizieren zu können, bedarf es folglich eines einfacheren Verfahrens, das die Komplexität beherrschbar macht und am menschlichen Denken ausgerichtet ist; denn nur so wird eine sicherheitstechnische Systemabnahme möglich. Solch ein Verfahren wurde in [1] vorgestellt und soll in diesem Beitrag detailliert erklärt werden. Grundlage dieses Verfahrens ist der in der Mathematik häufig eingesetzte quasiempirische Beweis, der in Abschnitt 2 erläutert wird. Von dieser Grundlage ausgehend wird in Abschnitt 3 ein in [1] entwickeltes Modell wiedergegeben, das die Zerlegung von Automatisierungsprogrammen in unabhängig voneinander verifizierbare Verifikationsebenen erlaubt und so die Komplexität des Verifikationsprozesses beherrschbar macht. Darauf aufbauend wird dann in Abschnitt 4 ein ebenfalls [1] entnommenes entwurfsbegleitendes Verifikationsverfahren geschildert. Mit diesem Verfahren, das in Abschnitt 5 an einem Beispiel demonstriert wird, ist es in [1] gelungen, eine 44 Funktionsblöcke umfassende, auf der Richtlinie VDI/VDE 3696 [6] basierende Bibliothek zu verifizieren.

## 2    Quasiempirscher Beweis als Verifikationsstrategie

Anders als bei den in der Informatik weit verbreiteten formalen Methoden handelt es sich beim quasiempirischen Beweis nicht um einen konkreten Verifikationsprozess. Vielmehr ist er eine Verifikationsstrategie, die auf das Ziel ausgerichtet ist, andere von der Richtigkeit eines mathematischen Satzes zu überzeugen; denn nach Lakatos [7, S. 63f] lassen sich solche Sätze ausschließlich falsifizieren, jedoch generell nicht verifizieren. Hierzu bedarf es eines mathematischen Disputs, der stets zwei Schritte umfasst: Im ersten Schritt wird ein Beweis geführt, der sich am menschlichen Denken orientieren und daher neben deduktiver Logik auch auf natürliche Sprache und Gedankenexperimente zurückgreifen soll. Im zweiten Schritt werden Satz und Beweis dann einem sozialen Prozess unterworfen, in dessen Verlauf beide von der Fachgemeinde überprüft und der Satz angewandt wird. Auf diese Weise erreichen Satz und Beweis sehr schnell einen Zustand, bei dem die Fachgemeinde von beider Korrektheit überzeugt ist.

Die Anwendung dieses Prinzips in der Softwareverifikation wurde von De Millo et al. bereits 1979 in [8] gefordert und bietet sich nach [1, S. 19ff] für die Verifikation sicherheitsgerichteter Automatisierungsprogramme besonders an; denn für solche Programme ist eine sicherheitstechnische Abnahme durch eine Zertifizierungsstelle erforderlich. Eine solche Abnahme wird jedoch nur dann erfolgen, wenn die zuständigen Prüfingenieure von der Sicherheit, also der Entwurfsfehlerfreiheit, der Software überzeugt werden können. Da es sich beim quasiempirischen Beweis jedoch lediglich um eine Verifikationsstrategie handelt, sind zu dessen Gebrauch zusätzlich auf das Anwendungsgebiet zugeschnittene Verifikationstaktiken erforderlich, die insbesondere die Komplexität sicherheitsgerichteter Automatisierungsprogramme beherrschbar machen müssen.

## 3    Komplexitätsreduktion durch Modellbildung

Neben zustandslosen enthalten sicherheitsgerichtete Automatisierungsprogramme oft auch zustandsbehaftete Komponenten und müssen überdies im Allgemeinen harte Echtzeitanforderungen erfüllen. Um diese Komplexität im Verifikationsprozess beherrschbar zu machen, ist es notwendig, Automatisierungsprogramme in unabhängig voneinander verifizierbare Verifikationsebenen zerlegen zu können. Einen ersten Schritt in diese Richtung stellt die in [3] beschriebene Idee dar, solche Programme mit Hilfe des Funktionsplanparadigmas basierend auf einer vorab verifizierten generischen Funktionsblockbibliothek zu entwerfen; denn die Umsetzung als Funktionsplan trennt bereits die logische Korrektheit des Programms von der der zugrundeliegenden Funktionsblöcke. Um einen allgemeinen sozialen Verifikationsprozess zu ermöglichen, muss dieser Nachweis der logischen Korrektheit aber noch vom Beweis der Einhaltung der zeitlichen Randbedingungen getrennt werden. Darüber hinaus muss es für zustandsbehaftete Funktionsblöcke möglich sein, die Gültigkeit ihres internen Zustands unabhängig davon zu betrachten, ob eine spezifikationsgemäße Eingabe zu einer spezifikationsgemäßen Ausgabe führt. Für leichte Nachvollziehbarkeit und in der Folge ein hohes Maß an Verlässlichkeit ist demnach eine Zerlegung von Automatisierungsprogrammen in vier unabhängig voneinader verifizierbare Ebenen sinnvoll: die Zeit-, die Funktionsplan-, die Ausgabe- und die Zustandsebene. Eine solche Zerlegung ermöglicht das in [1, S. 40ff] vorgestellte und in Abbildung 2 illustrierte Modell, das Funktionsblöcke als synchrone endliche Zustandsautomaten beschreibt.

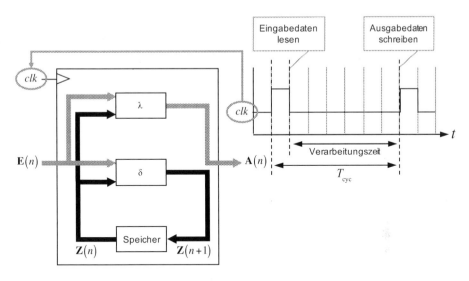

**Abb. 2.** Automatenmodell zur Beschreibung zustandsbehafteter Funktionsblöcke

Grundsätzlich lassen sich Zeit- und Funktionsplanebene nur auf der Ebene des Programms spezifizieren und folglich auch nur dort verifizieren. Damit eine einfache Verifikation der Zeitebene später jedoch überhaupt möglich ist, verwendet das in Abbildung 2 gezeigte Modell das synchrone Programmierparadigma nach Benveniste und Berry [9]. Unter Anwendung der in [10, S. 359] angesetzten Interpretation dieses Paradigmas heißt das, dass der Funktionsblock die Eingaben $\mathbf{E}(n)$ mit der fallenden Flanke eines Systemtakts $clk$ aus dem Prozessabbild übernimmt, dann verarbeitet und die resultierenden Ausgaben $\mathbf{A}(n)$ mit der nächsten steigenden Flanke des Systemtakts in das Prozessabbild zurückschreibt. Vorausgesetzt, die Verarbeitung der Daten wird innerhalb der zur Verfügung stehenden Verarbeitungszeit abgeschlossen, entspricht jeder Funktionsblock auf diese Weise gerade einem unabhängigen zeitlichen Ereignis und das Zeitverhalten des Programms kann später aus der Reihenfolge solcher synchronen Funktionsblöcke, also dem Funktionsplan, abgeleitet werden.

Die Ausgabeebene des Funktionsblocks wird indessen durch die Ausgabefunktion $\lambda$ beschrieben, der die Aufgabe zukommt, aus der aktuellen Eingabe $\mathbf{E}(n)$ die aktuelle Ausgabe $\mathbf{A}(n)$ zu bestimmen. Zur Verifikation der Ausgabeebene gilt es folglich, die logische Korrektheit dieser Ausgabefunktion zu beweisen. Wenn ein Funktionsblock zustandsbehaftet ist, hängt die aktuelle Ausgabe $\mathbf{A}(n)$ aber nicht nur von der aktuellen Eingabe $\mathbf{E}(n)$ ab, sondern auch von früheren Eingaben $\mathbf{E}(n-m)$. Diese früheren Eingaben können über einen aktuellen Zustand $\mathbf{Z}(n)$ abgebildet werden. Um die Zustandsebene nun unabhängig von der Ausgabeebene verifizieren zu können, sieht das Modell aus Abbildung 2 zusätzlich zur Ausgabefunktion noch eine Überführungsfunktion $\delta$ vor, die den aktuellen Zustand $\mathbf{Z}(n)$ in den Folgezustand $\mathbf{Z}(n+1)$ überführt und deren logische Korrektheit nachzuweisen ist. Wird außerdem nachgewiesen, dass sich der

Funktionsblock zum Programmstart in einem gültigen Anfangszustand befindet, so folgt die Gültigkeit des aktuellen Zustands aus dem Induktionsprinzip. Da die Ausgabefunktion $\lambda$ nach Abbildung 2 allerdings den aktuellen Zustand $\mathbf{Z}(n)$ zur Berechnung der Ausgabe benötigt, muss auch gezeigt werden, dass die Ausgabefunktion stets vor der Überführungsfunktion ausgeführt wird. Ist diese strukturelle Randbedingung erfüllt, so bedingt das Automatenmodell in der Tat eine logische Entkopplung von Ausgabe- und Zustandsebene. In Verbindung mit dem synchronen Programmierparadigma, das eine unabhängige Betrachtung von logischer und zeitlicher Korrektheit ermöglicht, bereitet es so die Basis für einen strukturierten Verifikationsprozess.

## 4   Entwurfsbegleitende Verifikation

Um einen erfolgreichen sozialen Prozess zu ermöglichen, muss der Verifikationsprozess nicht nur strukturiert sein, sondern auch zu strukturell einfachen Implementierungen und Beweisen führen, die auch für Personen ohne spezielle Ausbildung in der Softwareverifikation gut nachvollziehbar sind. Dieses Ziel lässt sich erreichen, indem Entwurf und Verifikation parallel zueinander durchgeführt werden – ein Vorgehen, das von Dijkstra bereits 1968 in [11] vorgeschlagenen wurde. Von dieser Grundidee geht daher auch das in [1, S. 57ff] beschriebene Verifikationsverfahren aus. Bei diesem Verfahren wird zunächst eine allgemeine Spezifikation erstellt, die das beabsichtigte Verhalten des Funktionsblocks beschreibt. Hierzu wird im Allgemeinen natürliche Sprache verwendet, wo sinnvoll möglich präzisiert durch mathematische Notation. Aus dieser allgemeinen Spezifikation wird dann mit mathematischer Strenge eine direkt implementierbare Darstellung abgeleitet: die spezielle Spezifikation. Diese spezielle Spezifikation wird anschließend in einer Hochsprache, wie etwa der in der regelungstechnischen Praxis weit verbreiteten Sprache Strukturierter Text (ST), umgesetzt, bevor zum Abschluss nochmals explizit die Übereinstimmung der Implementierung mit der speziellen Spezifikation gezeigt wird. Da es sich bei der speziellen Spezifikation bereits um eine direkt implementierbare Darstellung handelt, bleiben die Übereinstimmungsnachweise meist kurz. Lediglich in einigen Sonderfällen, wie etwa beim Einsatz von Schleifen in der Implementierung, sind in diesem Kontext zusätzliche Beweisschritte erforderlich.

## 5   Anwendung des Verifikationsverfahrens

Am leichtesten lässt sich das zuvor beschriebene entwurfsbegleitende Verifikationsverfahren an einem Beispiel nachvollziehen. Deshalb soll es im Folgenden anhand des in der Richtlinie VDI/VDE 3696 [6, S. 17] definierten Funktionsblocks DIF demonstriert werden, der ein Differenzierglied implementiert. Als Grundlage hierfür soll die Spezifikation aus [1, S. 146f] dienen.

*Allgemeine Spezifikation* Nach [6, S. 17] soll der Funktionsblock das durch die Differentialgleichung

$$T_1 \cdot \dot{V}(t) + V(t) = T_D \cdot \dot{U}(t) \tag{1}$$

beschriebene Verhalten eines $DT_1$-Glieds annähern mit $U(t)$ als Eingangs-, $V(t)$ als Ausgangsgröße, $T_D$ als Differenzierbeiwert und $T_1$ als Zeitkonstante. Im Unterschied zum Differenzierbeiwert soll die Zeitkonstante dem Funktionsblock jedoch nicht direkt übergeben werden, sondern in Form einer Verhältnisgröße relativ zum Differenzierbeiwert:

$$\text{T1TOTD} = T_1 \,/\, T_D \tag{2}$$

*Spezielle Spezifikation* Die Spezifikationsgleichung (1) hängt von der kontinuierlichen Zeit $t$ ab. Um diese Gleichung auf einem digitaltechnischen System, wie etwa der Datenverarbeitungsanlage aus Abbildung 1, umsetzen zu können, sind folglich numerische Näherungen für die in dieser Gleichung enthaltenen zeitlichen Ableitungen erforderlich. Solche numerischen Näherungen ergeben sich aus der Differenzenformel erster Ordnung nach [12, S. 105] zu

$$\dot{U}(n) = (U(n) - U(n-1)) \,/\, T_{\text{cyc}} \tag{3}$$

$$\dot{V}(n) = (V(n) - V(n-1)) \,/\, T_{\text{cyc}} \,, \tag{4}$$

wobei $T_{\text{cyc}}$ der Periodendauer aus Abbildung 2 entspricht. Einsetzen dieser Differenzenformeln in (1) und Umstellen nach $V(t)$ ergibt dann

$$T_1 \cdot \frac{V(n) - V(n-1)}{T_{\text{cyc}}} + V(n) = T_D \cdot \frac{U(n) - U(n-1)}{T_{\text{cyc}}}$$

$$\Leftrightarrow \quad \left(\frac{T_1}{T_{\text{cyc}}} + 1\right) V(n) - \frac{T_1}{T_{\text{cyc}}} V(n-1) = \frac{T_D}{T_{\text{cyc}}} \left(U(n) - U(n-1)\right)$$

$$\Leftrightarrow \quad\quad\quad\quad V(n) = \frac{\frac{T_1}{T_{\text{cyc}}} V(n-1) + \frac{T_D}{T_{\text{cyc}}} \left(U(n) - U(n-1)\right)}{\left(\frac{T_1}{T_{\text{cyc}}} + 1\right)}.$$

Wird jetzt zur Verbesserung der Lesbarkeit noch eine Hilfsgröße

$$\alpha := T_1 \,/\, T_{\text{cyc}} \tag{5}$$

definiert, so resultiert daraus die folgende Bestimmungsgleichung für die gesuchte Ausgangsgröße:

$$V(n) = \frac{\alpha \cdot V(n-1) + \frac{T_D}{T_{\text{cyc}}} \left(U(n) - U(n-1)\right)}{(1 + \alpha)} \tag{6}$$

Offensichtlich geht in diese Bestimmungsgleichung nicht nur die aktuelle Eingabe $U(n)$, sondern auch die Eingabe aus der vorhergehenden Periode $U(n-1)$ sowie die vorherige Ausgabe $V(n-1)$ ein. Der Funktionsblock ist also zustandsbehaftet. Um diese Zustands- von der Ausgabeebene zu trennen, kann nun das Automatenmodell nach Abbildung 2 angesetzt werden. Hierzu werden zunächst zwei Zustandsgrößen definiert:

$$U_{\text{OLD}}(n) = U(n-1), \; V_{\text{OLD}}(n) = V(n-1). \tag{7}$$

Diesen Zustandsgrößen wird dann der Anfangszustand

$$U_{\mathrm{OLD}}(n \leq 0) = 0, \ V_{\mathrm{OLD}}(n \leq 0) = 0 \tag{8}$$

zugewiesen. Durch die Wahl dieses Anfangszustands zeigt der Funktionsblock kausales Verhalten, bildet also das Verhalten eines realen physikalischen Systems nach. Außerdem wird eine Überführungsfunktion $\delta$ definiert, die die beiden Zustandsgrößen mit jedem Programmzyklus aktualisiert:

$$U_{\mathrm{OLD}}(n + 1) = U(n), \ V_{\mathrm{OLD}}(n + 1) = V(n). \tag{9}$$

Damit ergibt sich, durch Einsetzen von (7) in (6) und Berücksichtigung von (2) und (5), die Ausgabefunktion $\lambda$ zu

$$
\begin{aligned}
T_1 &= \mathrm{T1TOTD} \cdot T_D \\
\alpha &= T_1 \ / \ T_{\mathrm{cyc}} \\
V(n) &= \frac{\alpha \cdot V_{\mathrm{OLD}}(n) + \frac{T_D}{T_{\mathrm{cyc}}} \left( U(n) - U_{\mathrm{OLD}}(n) \right)}{(1 + \alpha)}.
\end{aligned}
\tag{10}
$$

Dieses Modell, dessen Schnittstelle in Tabelle 1 zusammengefasst ist, kann nun unmittelbar in die in Listing 1 angegebene Darstellung in ST überführt werden.

*Beweis* Wie anhand der Kommentare in Listing 1 sofort erkennbar, wird die Überführungsfunktion erst nach der Ausgabefunktion ausgeführt. Zudem zeigt ein Vergleich der Zeilen 19 und 20 mit (7) und (8), dass die beiden Zustandsgrößen spezifikationsgemäß deklariert und initialisiert werden. Folglich ist der Funktionsblock strukturell korrekt. Ferner zeigt eine Gegenüberstellung der Ausgabefunktion aus Zeile 24–26 mit (10) sowie ein Vergleich der Überführungsfunktion aus Zeile 30–31 mit (9), dass beide mit ihrer jeweiligen Spezifikation identisch sind. Damit entspricht der in der Ausgangsvariablen V gespeicherte Wert nach der vollständigen Ausführung des Funktionsblocks gerade dem von der Spezifikation gemäß (6) geforderten, was zu beweisen war.

## 6   Fazit

Wie aus dem in Abschnitt 5 gezeigten Beispiel deutlich wird, führt das in Abschnitt 4 wiedergegebene entwurfsbegleitende Verfikationsverfahren aus [1] in Verbindung mit dem ebenda vorgestellten und in Abschnitt 3 erläuterten Automatenmodell in der Tat zu strukturell sehr einfachen Implementierungen und Beweisen. Dadurch sind diese Beweise und Implementierungen auch einem nicht speziell in der Softwareverifikation geschulten Personenkreis zugänglich, was eine Voraussetzung für einen erfolgreichen sozialen Prozess ist und damit für Verlässlichkeit. Darüber hinaus ist das Verifikationsverfahren leicht erlern- und anwendbar, sodass es mit Hilfe dieses Verfahrens in [1] auch gelungen ist, eine vollständige, 44 Funktionsblöcke umfassende Funktionsblockbibliothek auf Basis der Richtlinie VDI/VDE 3696 [6] zu verifizieren – eine Aufgabe, die mit den

**Tabelle 1.** Schnittstellenbeschreibung des Funktionsblocks DIF

| Name | Bedeutung | Typ | Std | Rndbd |
|------|-----------|-----|-----|-------|
| **Eingänge E(n)** | | | | |
| U | Eingangsgröße, $U$ | ANUM | | |
| TCYC | Periodendauer, $T_{cyc}$ [ s ] | ANUM | | Festwert |
| TD | Differenzierbeiwert, $T_D$ [ s ] | ANUM | 1.0 | |
| T1TOTD | Relative Zeitkonstante $T_1/T_D$, T1TOTD | ANUM | 0.1 | |
| **Ausgänge A(n)** | | | | |
| V | Ausgangsgröße, $V$ | ANUM | | |
| **Zustände Z(n)** | | | | |
| U_OLD | Vorherige Eingabe $U(n-1)$, $U_{OLD}$ | ANUM | 0.0 | |
| V_OLD | Vorherige Ausgabe $V(n-1)$, $V_{OLD}$ | ANUM | 0.0 | |

**Listing 1.** Implementierung des Funktionsblocks DIF

```
1  FUNCTION_BLOCK DIF
2  VAR_INPUT
3          U       : REAL;
4          TCYC    : REAL;
5          TD      : REAL := 1.0;
6          T1TOTD  : REAL := 0.1;
7  END_VAR
8
9  VAR_OUTPUT
10         V : REAL;
11 END_VAR
12
13 VAR_TEMP
14         T1      : REAL;
15         ALPHA   : REAL;
16 END_VAR
17
18 VAR
19         U_OLD : REAL := 0.0;
20         V_OLD : REAL := 0.0;
21 END_VAR
22
23 (* Beginn der Ausgabefunktion *)
24 T1    := T1TOTD*TD;
25 ALPHA := T1/TCYC;
26 V     := (ALPHA*V_OLD + TD/TCYC*(U-U_OLD)) / (1.0 + ALPHA);
27 (* Ende der Ausgabefunktion *)
28
29 (* Beginn der Ueberfuehrungsfunktion *)
30 U_OLD := U;
31 V_OLD := V;
32 (* Ende der Ueberfuehrungsfunktion *)
33
34 END_FUNCTION_BLOCK
```

bisher verfügbaren Methoden nicht gelöst werden konnte. Diese Funktionsblockbibliothek liefert das Fundament zum Einsatz der Datenverarbeitungsanlage für
sicherheitsgerichtete Automatisierungsaufgaben nach [2], die selbst wiederum die
Grundlage zur Realisierung vollständig verifizierter und somit sicherheitstechnisch
abnehmbarer rechnergestützter Automatisierungssysteme ist. Gleichzeitig können
die in diesem Beitrag vorgestellten Konzepte und Methoden aber auch außerhalb
der Prozessautomatisierung zu erhöhter Softwareverlässlichkeit beitragen. So lassen sie sich etwa ebenso auf die in kommerziellen Anwendungen weitverbreiteten
objektorientierten Programmiersprachen übertragen.

Die kürzlich normierte und an funktionaler Sicherheit ausgerichtete Echtzeitprogrammiersprache SafePEARL unterstützt das oben diskutierte Programmierparadigma [13] umfassend. Bei Spezifikation der Sicherheitsintegritätsstufe
SIL 3 sind nur noch Prozeduraufrufe und Aktualparameterübergaben zugelassen, was zur textuellen Darstellung von Funktionsplänen ausreicht. Sprachmittel
zur Formulierung von Ablaufplänen erzwingen im Unterschied zu denen nach
IEC 61131-3 syntaktisch Konsistenz und Einhaltung von Sicherheitsregeln.

## Literaturverzeichnis

1. M. L. Schulz: *Verifikation einer Funktionsblockbibliothek für die Prozessautomatisierung.* Fortschr.-Ber. VDI Reihe 08 Nr. 1264, Düsseldorf: VDI Verlag 2019.
2. W. A. Halang und M. Śnieżek: Digitale Datenverarbeitungsanlage für sicherheitsgerichtete Automatisierungsaufgaben zur Ausführung als Funktions- und Ablaufpläne.
   Deutsches Patent DE19841194, 2000.
3. W. A. Halang und B. Krämer: Achieving High Integrity of Process Control Software
   by Graphical Design and Formal Verification. *Software Engineering Journal* 7, 1,
   53–64, 1992.
4. H. Krebs und U. Haspel: Ein Verfahren zur Software-Verifikation. *Regelungstechni-
   sche Praxis rtp* 26, 2, 73–78, 1984.
5. J. S. B. T. Evans: Deductive Reasoning. In *The Cambridge Handbook of Thinking
   and Reasoning*, Hrsg. von K. J. Holyoak und R. G. Morrison, S. 169–184, New York:
   Cambridge University Press 2005.
6. VDI/VDE 3696: *Herstellerneutrale Konfiguration von Prozeßleitsystemen, Standard-
   Funktionsbausteine.* Richtlinie, Berlin: Beuth Verlag 1995.
7. I. Lakatos: *Mathematik, empirische Wissenschaft und Erkenntnistheorie.* Hrsg. von J.
   Worrall und G. Currie, Bd. 2, Philosophische Schriften, Wiesbaden: Vieweg+Teubner
   Verlag 1982.
8. R. A. De Millo et al.: Social Processes and Proofs of Theorems and Programs.
   *Communications of the ACM* 22, 5, 271–280, 1979.
9. A. Benveniste und G. Berry: The Synchronous Approach to Reactive and Real-Time
   Systems. *Proceedings of the IEEE* 79, 9, 1270–1281, 1991.
10. W. A. Halang und R. M. Konakovsky: *Sicherheitsgerichtete Echtzeitsysteme.* 2.,
    vollst. überarb. Aufl. Berlin-Heidelberg: Springer 2013.
11. E. W. Dijkstra: A Constructive Approach to the Problem of Program Correctness.
    *BIT* 8, 3, 174–186, 1968.
12. M. Knorrenschild: *Numerische Mathematik. Eine beispielorientierte Einführung.* 5.,
    aktual. Aufl. Mathematik-Studienhilfen, München: Hanser Verlag 2013.
13. DIN 66253: *Echtzeitprogrammiersprache SafePEARL.* Berlin: Beuth Verlag 2018.

# Cache-Kohärenz für embedded Multicore-Mikrocontroller mit harter Echtzeitanforderung

Philipp Jungklass[1] und Mladen Berekovic[2]

[1] Ingenieurgesellschaft Auto und Verkehr GmbH, 38559 Gifhorn
`philipp.jungklass@iav.de`
[2] Universität zu Lübeck, Institut für Technische Informatik, 23562 Lübeck
`berekovic@iti.uni-luebeck.de`

**Zusammenfassung.** Bedingt durch die gestiegenen Anforderungen an die Leistungsfähigkeit von modernen Steuergeräten mit harter Echtzeitanforderung erfolgt in diesem Bereich verstärkt der Einsatz von Multicore-Mikrocontrollern. Dabei stellt die Verwendung solcher Mikrocontroller die Softwareentwickler immer wieder vor größere Herausforderungen, da konkurrierende Zugriffe auf geteilte Ressourcen, wie Speicher, die Echtzeitfähigkeit des Systems gefährden können. Zur Reduzierung dieser Effekte implementieren die Hersteller solcher Mikrocontroller dedizierte Speicher für jeden Prozessorkern, über welchen die Kerne exklusiv verfügen. Diese Lösung hilft aber nur bedingt bei der Intercore-Kommunikation, welche zwingend eine Interaktion von mehreren Prozessorkernen auf einen geteilten Speicher erfordert. Auf Grund dessen wird in diesem Artikel ein Verfahren zur Intercore-Kommunikation präsentiert, welches die Auswirkungen von konkurrierenden Zugriffen durch die Nutzung von Caches reduziert. Zu diesem Zweck wird ein softwarebasiertes und echtzeitfähiges Cache-Kohärenzprotokoll implementiert, welches die Datenaktualität und -konsistenz sicherstellt und dabei die Anzahl der konkurrierenden Zugriffe reduziert.

## 1 Motivation

Die enormen Leistungssteigerungen von Steuergeräten mit einer harten Echtzeitanforderung wurden in den letzten Jahren primär durch die Erhöhung der Prozessorkerne erreicht. Diese Tendenz führt dazu, dass die bestehende Software von mehreren Steuergeräten auf einen Multicore-Mikrocontroller migriert werden kann. Durch diese Entwicklung kann der Energieverbrauch reduziert werden, wodurch auch die benötigte Kühlleistung sinkt, was wiederum in einem geringeren Gewicht und Bauraum resultiert. All diese Faktoren sorgen dafür, dass die Kosten im Vergleich zu mehreren Singlecore-basierten Steuergeräten reduziert werden. Damit diese Vorteile genutzt werden können, ist es erforderlich, dass die bestehende Software so auf die verfügbaren Prozessorkerne verteilt wird, dass möglichst wenig Interaktion zwischen den Kernen notwendig ist. Nur

© Springer Fachmedien Wiesbaden GmbH, ein Teil von Springer Nature 2019
H. Unger (Hrsg.), *Echtzeit 2019*, Informatik aktuell,
https://doi.org/10.1007/978-3-658-27808-3_14

wenn die Ausführung nicht durch konkurrierende Zugriffe auf geteilte Ressourcen, wie Speichern oder Peripherien, oder häufigen Synchronisierungen zwischen den Prozessorkernen unterbrochen wird, kann die volle Leistungsfähigkeit eines Multicore-Mikrocontrollers genutzt werden. Zur Reduzierung solcher Effekte werden in modernen Mikrocontrollern komplexe Speicherhierarchien integriert, womit parallele Operationen auf separate Speicher aufgeteilt werden können, was konkurrierende Zugriffe effektiv verhindert. Jedoch ist eine isolierte Ausführung der Funktionen auf den Prozessorkernen in den seltensten Fällen möglich, womit ein Datenaustausch zwischen den Kernen notwendig wird. Diese Intercore-Kommunikation erfolgt über einen geteilten Speicher, wodurch konkurrierende Operationen in diesem speziellen Fall unvermeidlich sind. Bedingt durch diese parallelen Zugriffe entstehen potentielle Wartezyklen, welche die Ausführungszeiten auf den Prozessorkernen deutlich erhöhen. Dabei ist zu beachten, dass in einem System mit einer harten Echtzeitanforderung immer die maximale Anzahl an möglichen Verzögerungen für die Bewertung angenommen werden muss. Dies führt zu einer pessimistischen WCET (Worst Case Execution Time), wobei die nutzbare Rechenkapazität deutlich reduziert wird. Daher wird in diesem Artikel ein Verfahren zum prozessorkernübergreifenden Datenaustausch vorgestellt, welches mit Hilfe der Daten-Caches konkurrierende Zugriffe minimiert. Dabei wird die Datenkonsistenz und -aktualität über ein softwarebasiertes Cache-Kohärenzprotokoll realisiert [3, 6, 8].

## 2    Stand der Technik

Die aktuell verfügbaren Multicore-Mikrocontroller für Systeme mit einer harten Echtzeitanforderung nutzen grundlegend die in Abbildung 1 dargestellte Architektur. Wie in der Abbildung zu sehen ist, sind alle Prozessorkerne sowie die globalen Speicher des Systems über ein Kommunikationssystem miteinander verbunden. Generell werden dabei die verfügbaren Speicher in zwei Gruppen eingeteilt. In der ersten Gruppe sind die lokalen Speicher, welche einem Prozessorkern direkt zugeordnet sind, wodurch die Zugriffsgeschwindigkeit für den jeweiligen Kern maximal ist. Dazu gehören die lokalen RAM-Speicher, welche durch den Softwareentwickler verwaltet werden, sowie die lokalen Caches, welche der Prozessorkern selbst administriert. Zu der zweiten Gruppe zählen die globalen Speicher, welche durch den Flash-Speicher sowie einen globalen RAM-Speicher repräsentiert werden. Diese Speicher sind keinem Prozessorkern direkt zugeordnet, wodurch die Zugriffszeit für alle Kerne auf diese Speicher identisch ist [9].

Für die Intercore-Kommunikation werden aktuell drei unterschiedliche Ansätze genutzt. In der ersten Variante erfolgt der Datenaustausch über den globalen RAM-Speicher. Der Vorteil dieses Verfahrens liegt in der identischen Zugriffszeit für alle Prozessorkerne auf diesen Speicher, was deutlich einfacher in einem Zeitmodell abgebildet werden kann. Der Nachteil dieses Verfahrens liegt in der hohen Anzahl von konkurrierenden Zugriffen, was zu einer erheblichen Verzögerung durch Wartezyklen führen kann. Da für die Beurteilung eines Echtzeitsystem das

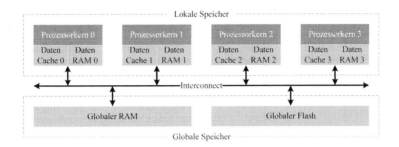

**Abb. 1.** Grundlegender Aufbau eines embedded Multicore Mikrocontrollers

Maximum an konkurrierenden Zugriffen angenommen werden muss, führt dies zu einer pessimistischen WCET.

Bei dem zweiten Ansatz werden die Daten für den Austausch zwischen den Prozessorkernen in die lokalen RAM-Speicher der Kerne allokiert. Je nach Anwendungsfall gibt es verschiedene Ansätze zur Verteilung der Variablen auf die Speicher. In einem System mit gleichpriorisierten Prozessorkernen wird in der Regel die Variable in den lokalen RAM-Speicher des Kerns geschrieben, welcher schreibend auf die Daten zugreift. Dieses Vorgehen ist dem Umstand geschuldet, dass ein schreibender Zugriff in der Regel langsamer als eine lesende Operation ist. Durch diese Verteilung kann dieser Effekt kompensiert werden, da die Zugriffsgeschwindigkeit eines Prozessorkerns auf seinen lokalen Speicher schneller ist als eine Operation auf den lokalen RAM-Speicher eines anderen Kerns. Sollten in einem System die Prozessorkerne verschiedene Prioritäten besitzen, da die Kerne beispielsweise Aufgaben mit unterschiedlicher Kritikalität bearbeiten, bietet es sich an, die Daten in den Speicher des Prozessorkerns zu allokieren, welcher die höhere Priorität besitzt. Dadurch wird sichergestellt, dass dieser Kern eine möglichst kurze Zugriffszeit hat. Der Vorteil dieses Verfahrens besteht darin, dass die konkurrierenden Zugriffe auf verschiedene Speicher im System verteilt werden, was eine optimistischere WCET zur Folge hat. Jedoch nutzen die Prozessorkerne diese lokalen Speicher ebenfalls zur Berechnung von Funktionen, welche exklusiv auf einem Kern ausgeführt werden. Durch diese Separierung der geteilten Daten wird auch die Ausführung von exklusiven Funktionen auf einem Prozessorkern durch konkurrierende Zugriffe negativ beeinflusst [2].

Der dritte Ansatz stellt eine Kombination der bisherigen beiden Varianten dar. Analog zum ersten Verfahren wird dafür der globale RAM-Speicher für den Austausch zwischen den Prozessorkernen genutzt. Zusätzlich wird in einem System, welches eine zeitscheibenbasierte Abarbeitung von Aufgaben verwendet, zu Beginn der Task-Ausführung eine Kopie der benötigten Daten im lokalen RAM-Speicher des jeweiligen Prozessorkerns angelegt. Der Vorteil dieses Verfahrens liegt darin, dass nur zu Beginn und am Ende einer Task-Ausführung ein Zugriff auf den globalen RAM-Speicher erfolgt. Während der Abarbeitung der Zeitscheibe nutzt der Prozessorkern die Kopie im lokalen RAM-Speicher, wodurch die Anzahl der konkurrierenden Zugriffe deutlich reduziert wird. Der

Nachteil dieser Implementierung besteht darin, dass die ausgetauschten Daten sowohl im lokalen als auch im globalen RAM Speicherplatz belegen. Gerade in Systemen, welche in einer hohen Stückzahl produziert werden, kommen häufig Multicore-Mikrocontroller zum Einsatz, welche aufgrund des Kostendrucks über wenig RAM-Speicher verfügen. In solchen Systemen kann dieses Verfahren nur bei einer geringen Anzahl von ausgetauschten Größen verwendet werden.

In den bisherigen Ansätzen zur Intercore-Kommunikation werden die Daten-Caches der Prozessorkerne umgangen, da diese keine Cache-Kohärenz bieten. Derzeit werden die Daten-Caches der Multicore-Mikrocontroller primär dafür verwendet, konstante Parametersätze aus dem globalen Flash-Speicher lokal vorzuhalten, um die konkurrierenden Zugriffe auf den Flash-Speicher zu reduzieren.

## 3  Konzept

Das grundlegende Konzept des in diesem Artikel vorgestellten Verfahrens besteht darin, dass die Prozessorkerne sich eine lokale Kopie der geteilten Werte aus dem globalen RAM in ihren lokalen Cache ablegen. Dadurch können die konkurrierenden Zugriffe deutlich reduziert und die Zugriffsgeschwindigkeit erhöht werden. Da echtzeitfähige embedded Multicore Mikrocontroller einen Cache mit write-back-Strategie verwenden, werden aktualisierte Werte erst dann zurückgeschrieben, beziehungsweise neugeladen, wenn diese aus dem Cache verdrängt wurden. Dieser Zeitpunkt ist schwer vorherzusagen und abhängig von der Codeausführung, welche wiederum abhängig von den Eingangsgrößen ist. Aus diesem Grund werden die Daten-Caches bei der Intercore-Kommunikation in den bisherigen Konzepten umgangen und es erfolgt ein direkter Zugriff auf den globalen RAM-Speicher. Daher wird für dieses Konzept eine weitere Möglichkeit der Signalisierung benötigt, welche unabhängig von Speicherzugriffen funktioniert. In den meisten embedded Multicore-Mikrocontrollern sind Techniken integriert, welche eine direkte Benachrichtigung der Prozessorkerne untereinander ermöglicht. Diese Techniken werden üblicherweise zur Synchronisierung verwendet und können ebenfalls zur Signalisierung von aktualisierten Werten genutzt werden. In Abbildung 2 ist das grundlegende Konzept dargestellt [4].

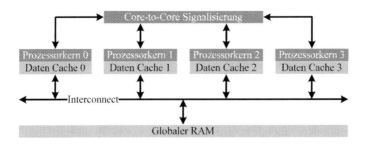

**Abb. 2.** Kommunikationskonzept für einen Multicore-Mikrocontroller mit lokalen Daten-Caches

## 3.1   Kategorisierung

Für die Intercore-Kommunikation nutzen alle Prozessorkerne im System den globalen RAM-Speicher. Zu Beginn einer Task-Ausführung werden die benötigten Daten aus dem globalen RAM in den lokalen Daten-Cache des jeweiligen Kerns kopiert und zur Task-Laufzeit genutzt. Die geteilten Daten werden dabei in drei Kategorien eingeteilt:

- Kategorie 1: Zeitunkritisch
- Kategorie 2: Zeitneutral
- Kategorie 3: Zeitkritisch

Je nach Kategorie der auszutauschenden Daten findet ein Zurückschreiben der aktualisierten Informationen in den globalen RAM am Ende einer Task statt (Kategorie 1) oder unverzüglich, sobald das Datum aktualisiert wurde (Kategorie 2, 3). Der Unterschied zwischen Kategorie 2 und 3 besteht auf Seiten des lesenden Prozessorkerns. Bei zeitneutralen Daten wird der Inhalt der Cacheline gehalten und der Lesezeiger des betroffenen Datums auf den globalen RAM positioniert. Dadurch kann auf aktualisierte Daten während der Task-Ausführung zugegriffen werden, jedoch mit reduzierter Geschwindigkeit. Der Vorteil der zweiten Kategorie besteht darin, dass der sonstige Inhalt der Cacheline erhalten bleibt, wodurch weiterhin ein Zugriff mit der maximalen Geschwindigkeit möglich ist. Informationen der Stufe 3 sind Safety-relevant, weswegen die betroffene Cacheline für ungültig erklärt und aus dem globalen RAM nachgeladen wird, um bei wiederholten Zugriffen die maximale Geschwindigkeit zu erreichen. Um die daraus resultierenden Seiteneffekte möglichst gering zu halten, wird Cache Coloring genutzt. Die Bekanntmachung einer Aktualisierung erfolgt gezielt über die Core-to-Core-Signalisierung, wie in Abbildung 2 dargestellt.

Die Priorisierung der Daten kann für jeden lesenden Prozessorkern separat erfolgen, wodurch die Zugriffshäufigkeiten zusätzlich reduziert werden können. Lediglich der schreibende Kern muss mindestens die höchste Kategorie aller lesenden Prozessorkerne aufweisen, da ansonsten die Aktualisierungsrate der konsumierenden Kerne nicht erreicht werden kann.

## 3.2   Ablauf

Zu Beginn einer jeden Task-Ausführung werden die benötigten geteilten Werte aus dem globalen RAM-Speicher in den lokalen Cache des ausführenden Prozessorkerns geladen. Zur Laufzeit kann im Anschluss auf die lokale Kopie zugegriffen werden, was die Anzahl der konkurrierenden Operationen und die damit verbundenen Wartezyklen deutlich reduziert sowie die Zugriffsgeschwindigkeit erhöht. Falls während der Task-Ausführung keine Aktualisierung der gecachten Werte erfolgt, ist die Ausführungszeit minimal. Im Falle eines Updates wird der konsumierende Prozessorkern durch den produzierenden Kern darüber informiert, dass eine Aktualisierung stattgefunden hat. In diesem Fall wird in Abhängigkeit der eingestellten Kategorie weiter mit dem veralteten Datum gearbeitet (Kategorie 1), der Lesezeiger auf den Wert im globalen RAM gesetzt (Kategorie 2) oder die betroffene Cacheline für ungültig erklärt, was ein erneutes Laden der jeweiligen Cacheline zur Folge hat (Kategorie 3). Äquivalent verhält es sich mit den Daten, welche die Task selber produziert. Bei der Kategorie 1 werden die Daten im Cache aktualisiert und am Ende der Task-Ausführung zurück in den globalen RAM geschrieben. Im Falle von Variablen der beiden höheren Kategorien werden diese sofort im globalen RAM aktualisiert und die betroffenen Prozessorkerne via Signalisierungsmechanismus über das Update informiert. Dabei werden nur die Kerne benachrichtigt, welche die Daten ebenfalls mit der Kategorie 2 oder 3 bewerten [7].

### 3.3   Speicherallokation

Je nach genutztem Mikrocontroller können sich die Eigenschaften der Daten-Caches in Bezug auf Speicherkapazität, Assoziation und Größe einer Cacheline unterscheiden. In Abhängigkeit dieser Faktoren werden die auszutauschenden Variablen im globalen RAM so verteilt, dass die Werte, welche eine Task zur Ausführung benötigt, vollständig im Daten-Cache enthalten sind. Damit bei der Aktualisierung eines Datums die Folgen für die konsumierende Task möglichst gering sind, werden die Werte je nach produzierender Task sowie der Kategorie der konsumierenden Task im Speicher allokiert, mit dem Ziel, dass diese möglichst in einer Cacheline abgebildet werden können. Die folgende Abbildung 3 verdeutlicht das Prinzip. Der Vorteil dieser Separierung besteht darin, dass bei einer Aktualisierung der Daten durch eine produzierende Task nicht der gesamte Cache-Inhalt neu geladen werden muss. Je nach Produzent und Kategorie können die Werte gezielt aktualisiert werden, was Seiteneffekte minimiert [5].

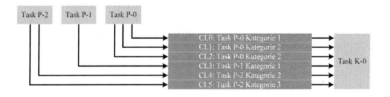

**Abb. 3.** Separierung der Cachelines (CL)

### 3.4   Bewertung

Der Einsatz des in diesem Artikel vorgestellten Verfahrens ist abhängig von der Aufrufhäufigkeit der geteilten Variablen innerhalb der Task. Dieser Umstand ist darin begründet, dass die Signalisierung sowie die dazugehörige Verwaltung dieser Größen ebenfalls Rechenzeit benötigt. Daher wird nachfolgend eine Berechnung aufgezeigt, welche die Anwendbarkeit dieser Methode begründet.

Grundlegend kann die Dauer eines lesenden Speicherzugriffs in einem Multi-core-Mikrocontroller anhand der Formel (1) beschrieben werden. Zu diesem Zweck wird die Speichergeschwindigkeit mit der maximal möglichen Wartezeit durch konkurrierende Zugriffe addiert. Falls der Speicher durch einen Prozessorkern exklusiv genutzt wird, wird der zweite Summand in der Formel Null.

$$t_r = (t_{r,a} + t_{r,c}) \tag{1}$$

$t_r$          Maximale Dauer eines Lesezugriffs
$t_{r,a}$       Maximale Dauer eines Lesezugriffs auf einen Speicher
$t_{r,c}$       Maximale Verzögerung durch konkurrierende Zugriffe

Während der Ausführung einer Task kann die Anzahl der Zugriffe auf ein bestimmtes Datum aufgrund verschiedener Code-Pfade variieren. Zur Optimierung der WCET wird jedoch der Pfad zur Bewertung genutzt, welcher die maximale Anzahl an Zugriffen beinhaltet. Daraus ergibt sich die Formel (2), welche die Dauer aller Speicheroperationen für ein bestimmtes Datum innerhalb einer Task-Ausführung beinhaltet. Als Referenz für die Bewertung dieses Verfahrens wird die Dauer bei Nutzung des globalen RAM-Speichers berechnet und als Vergleichswert angenommen.

$$t_r = n \cdot (t_{r,a} + t_{r,c}) \tag{2}$$

$n$          Maximale Anzahl an Zugriffen innerhalb einer Task

Im zweiten Schritt erfolgt die Berechnung der Dauer der Lesezugriffe bei Nutzung der lokalen Daten-Caches. Zu diesem Zweck wird die Formel (2) um die Zeitspanne ergänzt, welche die maximal mögliche Anzahl an Aktualisierungen während der Task-Ausführung verursachen kann. Dazu gehört der Zugriff auf den globalen Speicher sowie die Dauer der entsprechenden Signalisierungsfunktion auf dem konsumierenden Prozessorkern, was in Formel (3) dargestellt ist.

$$t_{r_{Cache}} = n \cdot (t_{r,a_{Cache}} + t_{r,c_{Cache}}) + m \cdot (t_{r,a_{GRAM}} + t_{r,c_{GRAM}} + t_{Update}) \tag{3}$$

$m$          Maximale Anzahl an Aktualisierungen innerhalb einer Task
$t_{Update}$     Maximale Dauer der Signalisierungsfunktion
$GRAM$      Global RAM

Wie die Formel (3) aufzeigt, ist die Anwendung dieses Verfahren stark abhängig von der Zugriffsgeschwindigkeit des Daten-Caches des eingesetzten Multicore-Mikrocontrollers sowie der Häufigkeit der Lese- und Schreiboperationen. Einen weiteren signifikanten Einfluss hat auch die Kategorie des jeweiligen Datums. Bei einer Variable der Kategorie 1 ist ein Update während der Task-Ausführung nicht vorgesehen, wodurch der Faktor $m$ den Wert Null annimmt. In diesem Szenario hat ausschließlich die Speichergeschwindigkeit des Daten-Caches sowie des globalen RAMs Einfluss auf die Bewertung. Des Weiteren ist zu beachten, dass in diesem Verfahren die Daten-Caches durch den Prozessorkern exklusiv genutzt werden, wodurch die Verzögerung durch konkurrierende Zugriffe bei jeder Kategorie ebenfalls Null ist. Daraus ergibt sich abschließend der Vergleich in Formel (4) zur Bewertung der Anwendbarkeit für Variablen aller Kategorien. Sollte der dargestellte Vergleich korrekt sein, ist der Einsatz des vorgestellten Verfahrens empfehlenswert.

$$n \cdot t_{r,a_{Cache}} + m \cdot (t_{r,a_{GRAM}} + t_{r,c_{GRAM}} + t_{Update}) < n \cdot (t_{r,a_{GRAM}} + t_{r,c_{GRAM}}) \quad (4)$$

## 4    Resultate

Für die Implementierung des in Kapitel 3 vorgestellten Konzepts wird als Evaluierungsplattform ein Infineon AURIX TC298 genutzt. Der grundlegende Aufbau des Mikrocontrollers kann der Abbildung 4 entnommen werden [1].

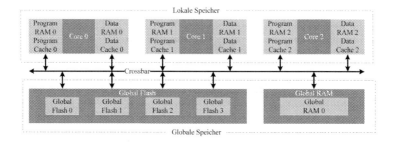

**Abb. 4.** Aufbau des Infineon AURIX TC298

Der Infineon AURIX TC298 besitzt drei Prozessorkerne, welche über eine Crossbar untereinander und mit den verfügbaren Speichern des Systems verbunden sind. Jeder Prozessorkern ist nach der Harvard-Architektur umgesetzt und bietet vier lokale Speicher, welche sich in ein Programm- und ein Daten-Interface aufteilen. Jedes Interface bietet einen lokalen RAM- sowie einen Cache-Speicher und verfügt über eine separate Anbindung an die Crossbar, wodurch parallele Lese- und Schreibzugriffe ermöglicht werden. Neben den lokalen Speichern befinden sich zwei globale Speicher im System, welche durch den Flash-Speicher sowie durch den globalen RAM repräsentiert werden. Der globale Flash-Speicher ist dabei in vier Bänke separiert, welche alle über eine Anbindung an die Crossbar verfügen. Durch diesen Aufbau können die Prozessorkerne parallel auf unterschiedliche Flash-Bänke zugreifen, ohne dass es zu Wartezyklen durch konkurrierende Zugriffe kommt. Im Gegensatz dazu verfügt der globale RAM lediglich über eine Anbindung an die Crossbar, wodurch bei parallelen Zugriffen von mehreren Prozessorkernen Wartezyklen unvermeidlich sind.

Der Zugriff auf die globalen Speicher bei konkurrierenden Operationen wird über einen Arbiter vor jedem Speicher geregelt. Der Infineon AURIX bietet hier zwei verschiedene Modi. In dem ersten Modus erhält jeder Prozessorkern eine Priorität, anhand derer der Zugriff geregelt wird. Damit kein Kern potentiell endlos warten muss, ist in diesem Betriebszustand eine Starvation-Protection aktiv, welche nach einer konfigurierbaren Anzahl an erfolglosen Operationen einen Zugriff garantiert. Bei dem zweiten Modus erhält jeder Prozessorkern dieselbe Priorität und der Speicherzugriff wird via Round-Robin zugeteilt. Da der zweite Betriebsmodus die Standardeinstellung ist, wird dieser für die nachfolgenden Messungen verwendet.

Für diese wird ein 4KB großes Array mit 32-Bit-Werten in den verschiedenen Speichern des Infineon AURIX TC298 allokiert und die Zugriffszeit bei lesenden und schreibenden Operationen ermittelt. Der genutzte Mikrocontroller arbeitet mit einem Prozessortakt von 200 MHz und für die exklusiven Messungen wird Core 1 verwendet. Zur Simulation von konkurrierenden Zugriffen greifen Core 0 und Core 2 dann in den weiteren Messreihen synchron auf dieselben Daten im globalen RAM Speicher zu. Die Zeitmessung erfolgt mit den internen Performance Countern.

**Tabelle 1.** Kopierzeiten von Core 1 bei exklusivem Zugriff

| Quelle | Ziel | Dauer (Ticks) |
|---|---|---|
| Data Cache 1 | Data Cache 1 | 2076 |
| Global RAM | Data Cache 1 | 11287 |
| Data Cache 1 | Global RAM | 12281 |
| Global RAM | Global RAM | 22529 |

**Tabelle 2.** Kopierzeiten von Core 1 bei konkurrierendem Zugriff von Core 0 / 2 auf den globalen RAM

| Quelle | Ziel | Dauer (Ticks) |
|---|---|---|
| Data Cache 1 | Data Cache 1 | 2076 |
| Global RAM | Data Cache 1 | 18410 |
| Data Cache 1 | Global RAM | 21959 |
| Global RAM | Global RAM | 39870 |

## 5 Diskussion

Wie die Messungen in Kapitel 4 deutlich zeigen, kann durch den Einsatz des vorgestellten Verfahrens die WCET bei der Intercore-Kommunikation im Gegensatz zur Nutzung des globalen RAM-Speichers signifikant verringert werden. Je nach Kategorie der geteilten Daten kann dabei sogar eine Geschwindigkeit äquivalent zur Anwendung von separaten Kopien im lokalen RAM-Speicher erreicht werden, ohne dafür den doppelten Speicherplatz zu reservieren. Außerdem wird durch die Intercore-Kommunikation die Bearbeitung von exklusiven Funktionen auf einem Prozessorkern maximal um die Dauer der Aktualisierungsroutine verzögert. Der Vorteil besteht darin, dass diese Verzögerung konstant ist und lediglich bei Variablen der Kategorie 2 und 3 auftritt. Daher sollte der Einsatz dieser höheren Prioritäten nur in Ausnahmefällen erfolgen.

Für die Zukunft ist eine Erweiterung des hier vorgestellten Konzepts dahingehend geplant, dass die Prozessorkerne über die aktuelle Task-Ausführung auf den anderen Kernen informiert sind. Mit dieser Zusatzfunktion ist es möglich, nur dann eine Aktualisierungssignalisierung auszulösen, wenn der konsumierende Prozessorkern auch eine Task ausführt, welche diese Informationen benötigt.

## Literaturverzeichnis

1. AURIX TC29x B-Step Users Manual V1.3. Infineon Technologies AG. 81726 Munich, Germany, Dec. 2014.
2. Philipp Jungklass and Mladen Berekovic. "Intercore-Kommunikation für Multicore-Mikrocontroller". In: Tagungsband Embedded Software Engineering Kongress 2018. 2018.
3. G. Yao et al. "Global Real-Time Memory-Centric Scheduling for Multicore Systems". In: IEEE Transactions on Computers 65.9 (2016), pp. 2739–2751. issn: 0018-9340. doi: 10.1109/TC.2015.2500572.
4. Oren Avissar, Rajeev Barua, and Dave Stewart. "An Optimal Memory Allocation Scheme for Scratch-Pad-Based Embedded Systems". In: ACM Transactions on Embedded Computing Systems 1.1 (Nov. 2002), pp. 6–26.
5. Marco Caccamo et al. "Real-time CacheManagement Framework for Multicore Architectures". In: Proceedings of the 2013 IEEE 19th Real-Time and Embedded Technology and Applications Symposium (RTAS). RTAS '13. Washington, DC, USA: IEEE Computer Society, 2013, pp. 45–54. isbn: 978-1-4799-0186-9. doi: 10.1109/RTAS.2013.6531078. url: http://dx. doi.org/10.1109/RTAS.2013. 6531078.
6. Philipp Jungklass and Mladen Berekovic. "Effects of concurrent access to embedded multicore microcontrollers with hard real-time demands". In: 13th International Symposium on Industrial Embedded Systems (2018).
7. Gang Yao et al. "Memory-centric Scheduling for Multicore Hard Real-time Systems". In: Real-Time Syst. 48.6 (Nov. 2012), pp. 681–715. issn: 0922-6443. doi: 10.1007/s11241-012-9158-9. url: http://dx.doi.org/10. 1007/s11241-012-9158-9.
8. Selma Saidi et al. "The shift to multicores in real-time and safety-critical systems". In: Proceedings of the 10th International Conference on Hardware/Software Codesign and System Synthesis. IEEE Press. 2015, pp. 220–229.
9. Philipp Jungklass and Mladen Berekovic. "Performance-orientiertes Speichermanagement bei embedded Multicore-Mikrocontrollern". In: Tagungsband Embedded Software Engineering Kongress 2018. 2018.

Printed in the United States
By Bookmasters